Joseph M. Stowell
Vertrauen

»Gott kann uns kein Glück und keinen Frieden außerhalb seiner selbst schenken. Beides ist dort nicht zu finden.«
C. S. Lewis

Aus »Pardon, ich bin Christ«

INHALT

Danksagung

Wenn die Gedanken in diesem Buch Ihnen dabei helfen, dass die Sehnsucht Ihrer Seele nach Gott gestillt wird, dann danken Sie Gott für seine Nähe und Freundlichkeit.

Mein Dank gilt auch den Mitarbeitern von *Discovery House*, besonders Carol Holquist und Judith Markham, weil auch sie glauben, dass das Thema dieses Buches sehr wichtig ist.

Ich danke meiner Ehefrau, die auf viele Abende und Wochenenden verzichtete, damit ich das Manuskript fertigstellen konnte.

Ich danke Beth Longjohn, meiner Assistentin, die mich ganz praktisch unterstützt, damit ich Zeit zum Schreiben finde.

Ohne die von Gott geschenkten Gaben und Talente wäre keiner von uns fähig, ihm zu dienen. Wenn Ihnen daher dieses Buch auf irgendeine Weise hilfreich ist, geben Sie Gott die Ehre und freuen Sie sich darüber, dass Ihre Beziehung zu ihm immer inniger wird.

VORWORT
DIE HEIMKEHR
Die Pilgerreise: Suche nach inniger Gemeinschaft mit Gott

Als ich vor einigen Jahren fünfzig wurde, verspürte ich erneut den starken Wunsch, Gott noch besser kennenzulernen und ihn bewusster wahrzunehmen. Viele meiner Träume waren in Erfüllung gegangen. Gott hatte – und nur er weiß warum – es mehr als gut mit mir gemeint. Aber nach vielen Jahren rastloser Betriebsamkeit in seinem Dienst, bei der ich Gefahren und Widerstände überwinden musste, spürte ich doch ganz tief in meinem Inneren eine Sehnsucht nach innigerer Gemeinschaft mit Gott.

Auch wenn ich Gott meine besten Jahre und meine ganze Kraft geschenkt hatte, ist mir bewusst geworden, dass ich ihm durch diese Betriebsamkeit nicht nähergekommen war. Eigentlich entspringt eine solche Betriebsamkeit sogar einer falschen und trügerischen Geistlichkeit. Man fängt an zu glauben, dass Geistlichkeit etwas mit Leistung zu tun hat und dass die innige Gemeinschaft mit Gott eine Art Geschäftsvereinbarung ist. Betriebsamkeit erzeugt ein seichtes und belangloses Christsein, das unsere Herzen erkalten, ja sogar bitter werden lässt, wenn wir nicht vorsichtig sind.

Ich erkenne immer deutlicher, dass es nicht zu unserem Besten ist, wenn wir so tun und leben, als sei der christliche Glaube eine Bühne, auf der wir unsere Leistung zeigen müssten, als bräuchten wir keine innige Beziehung zu dem einen, der der Mittelpunkt all unserer Aktivität ist.

Mir wurde auch klar, dass Gottes überreiche Güte mir gegenüber mich anfällig dafür gemacht hatte zu vergessen, wie sehr ich ihn doch brauche. Eigentlich weiß ich, dass ich ihn brauche – mein Problem ist: Man vergisst schnell, was dieses Wissen wirklich bedeutet und welche Auswirkung es hat. Als Pastor war ich mir schon früh in meinem Leben meiner Bedürftigkeit bewusst, denn unsere Ausgaben waren größer als mein Einkommen, und ohne Gottes – mehr als großzügige – finanzielle Versorgung, hätten wir es als Familie nicht geschafft. Wir brauchten ihn. Da ich als Pastor und öffentliche Person stets mit einer gewissen finanziellen Unsicherheit leben musste, war ich mir immer sehr bewusst, wie sehr ich Gott brauchte. Jede neue Gemeinde, der ich diente, stellte meine wirtschaftliche Unabhängigkeit in Frage; und als Präsident des *Moody Bible Instituts* wurde ich mir meiner Bedürftigkeit nur bewusster.

Dabei hat Gott mir Gaben gegeben, die mich dazu befähigen, Frucht zu bringen – so wie alle Gläubigen. Mit diesen Gaben und mit seiner Weisheit konnte ich die mir gestellten Aufgaben ziemlich gut bewältigen. Ich bin Pastor in der dritten Generation, daher habe ich für mein geistliches Amt gewisse angeborene Fähigkeiten. Mein Einkommen ist durch Gottes Gnade und Fürsorge mehr als ausreichend. Mit der Zeit lernte ich am *Moody Bible Institut* alles, was ich für meinen Dienst wissen musste, und ich freute mich über Gottes Plan mit mir. Heute, nach vielen Jahren im Dienst, in denen ich Gottes Wort gepredigt und gelehrt habe, fällt mir die Verkündigung seiner Wahrheit ziemlich leicht. Aber alle diese Gnadengaben sind für meine Erkenntnis, dass ich Gott brauche, eine Gefahr.

Doch ich brauche ihn sehr. Mehr als je zuvor.

Während dieser ganzen Selbstanalyse über die Sehnsucht nach inniger Gemeinschaft mit ihm war und bleibe ich ihm mit ganzem Herzen verschrieben. Ich glaube, dass ich notfalls für ihn sterben würde. Ich habe das unerwartete Vorrecht gehabt, von ihm gebraucht zu werden, und zwar auf eine Weise, von der ich nie zu träumen gewagt hätte. Trotzdem ist diese Sehnsucht nach ihm in meinem Herzen ganz real, und ich merke, dass meine Liebe zu Unabhängigkeit und Selbstgenügsamkeit mich dabei hindern, ihm näher zu kommen. Wenn ich nicht glaube, dass ich ihn brauche, dann werde ich wahrscheinlich auch keine Sehnsucht nach ihm haben.

Wenn wir vergessen, dass wir ihn brauchen, wird unser Christsein nur aus Pflichtbewusstsein und Routine bestehen. Er muss nicht viel für uns tun, denn es geht uns doch ziemlich gut. Einerseits erwarten wir von Gott große Dinge – unsere Erlösung und seine Hilfe, wenn unser Leben den Bach runter geht; aber die Freude und das Wunder ihn zu brauchen, seine Gegenwart und seine Kraft zu spüren, haben wir nicht kennengelernt. Gerade in schlechten Zeiten wissen wir eigentlich nicht, wie wir ihm nahe sein können, weil wir in guten Zeiten keine innige Gemeinschaft mit ihm gepflegt haben. Nur Gott allein kann unserem Leben Zufriedenheit und Erfüllung, Kraft und Geborgenheit geben.

Die historische Entwicklung der Afroamerikaner in den USA ist geprägt von dem Bewusstsein, dass sie Gott brauchen. Als Sklaven besaßen sie wenig, das Leben war hart, und es gab weder Hoffnung auf Besitz noch auf Freiheit. Trotzdem haben sie eine lange Tradition, die gekennzeichnet ist von einem starken Gottvertrauen. Das kommt auch in ihrer Musik, wie in dem folgenden Gospel, zum Ausdruck:

Oh, wenn ich einsam bin, wenn ich einsam bin,
Oh, wenn ich einsam bin, gib mir Jesus.
Gib mir Jesus, gib mir Jesus.
Auch wenn du die ganze Welt hast, gib mir Jesus.

Gott wünscht sich von uns diese Art der Anbetung und Hingabe, aber meistens bekommt er von beidem nur wenig.

Warum leben wir – obwohl wir doch so viel von seiner überreichen Gnade haben und Gott in unserem Leben immer gegenwärtig ist – so weit entfernt von Gott? Wie können wir uns in der Tiefe unserer Seele so allein fühlen? Also, ich jedenfalls habe es satt. Ich möchte auf dem Weg nach Hause zu ihm nicht mehr aufgehalten werden, denn ich verspüre eine neue Sehnsucht nach inniger Vertrautheit mit Gott.

So schlicht das klingt, aber das fühle ich wirklich. Obwohl ich nicht ohne Gott gelebt habe, so ist es doch ein Leben ohne jene innige Hingabe und Abhängigkeit gewesen, die man aber braucht, um Gott richtig erleben zu können und ihm brauchbar zu sein.

Das soll aber nicht heißen, dass ich seine Nähe nicht erlebt habe. Denn das habe ich – und zwar auf ganz besondere Weise. In der Tat ist diese wiederholte Berührung mit seinem wunderbaren Wesen der Antrieb dafür, ihn in meinem Leben immer und beständig spüren zu wollen. Und das soll auch nicht heißen, dass ich ihn nicht geliebt habe. Denn das habe ich. Es geht darum, dass ich bereit bin und mir wünsche, ihn besser kennenzulernen – nämlich auf eine ganz persönliche und innige Art. Ich möchte mit Gott eine tiefe Beziehung haben. Ich höre, wie meine Seele sich immer mehr nach ihm sehnt.

Möchten Sie mit mir diesen Weg gehen?

Auf dieser Pilgerreise lernen wir unser eigenes Ich kennen, und wir verstehen, dass nichts und niemand uns Erfüllung geben kann als Gott allein. Beim Streben nach Gott geht es nicht um uns, sondern es ist ein zutiefst persönliches und letztlich ein frohes, inniges Verlangen nach ihm – er ist Mittelpunkt und Ziel.

Natürlich werden wir die innige Gemeinschaft mit ihm nie in vollem Umfang erleben. Dieses Vorrecht wird für uns aufbewahrt, bis wir die andere Seite betreten und uns die Augen geöffnet werden und wir Gott in voller Klarheit erkennen. Aber bis dahin ist es für unser Leben das Beste und das allein Erfüllende, wenn wir unser Augenmerk auf diesen Tag lenken und schon jetzt Gott so gut wie möglich kennenlernen, damit unsere Gemeinschaft mit ihm so eng wie möglich wird.

Mich hat beeindruckt, dass die Bibel gleich zu Anfang erzählt, wie Adam und Eva eine intakte und glückliche Beziehung zu Gott hatten. Der Rest ist die Geschichte vom Versuch des Menschen, ein erfolgreiches Leben ohne Gott zu führen, als seine Selbstgenügsamkeit ihn von seinem Schöpfer trennte. Doch die Suche nach dem Glück in uns selbst und das sorgfältige Erfinden von Theorien und Strukturen, mit denen wir angeblich ohne Gott leben können, versagen immer wieder. Nichts davon hatte bisher Erfolg.

Nur Gott allein kann die Leere füllen. Er ist das Objekt unserer Suche. Und am Ende – und das wird der Anfang der Ewigkeit sein – wird er jede Träne abwischen und mit denen, die ihm gehören, die frühere paradiesische und vollkommene Gemeinschaft herstellen. Diese Gemeinschaft wird dann niemals mehr aufhören, denn wir werden das erleben, was Johannes geweissagt hat: *»Siehe, das Zelt Gottes bei den Menschen! Und er wird bei ihnen wohnen, und sie werden sein Volk sein, und Gott selbst wird bei ihnen sein«* (Offb 21,3). Und der Satz »glücklich und zufrieden bis an ihr Lebensende« wird kein Traum oder eine abfällige Bemerkung über ein Märchenland mehr sein, das man ewiges Leben nennt. Es wird lebendige Wirklichkeit.

Bis es so weit ist, fordert Gott uns auf, nach Hause zu kommen – ihm näher zu sein. Er will eine persönliche Beziehung zu uns, und wir sollen an ihm und an allem, was er uns schenkt, Freude haben. Er spielt kein kosmisches Versteckspiel. Er begegnet uns dort, wo wir sind, und er gibt uns die Kraft, die uns zu ihm treibt. Die größte Erfüllung im Leben liegt im Streben nach einer tiefen und glücklichen Beziehung zu ihm. Sicherheit und Geborgenheit finden wir in allen Lebenslagen nur in der engen Gemeinschaft mit ihm.

Egal wer wir sind und was wir haben oder nicht haben, im

Leben geht es eigentlich nur darum: *Wo suche ich nach dem echten Glück und woher bekomme ich die Kraft, die Erfüllung und die Geborgenheit?* Wenn wir nicht an der richtigen Stelle nach Zufriedenheit, Erfüllung und Kraft suchen, werden wir letztendlich enttäuscht, verzweifelt und ohne Hoffnung sein.

Obwohl diese Seiten an erster Stelle im Buch stehen, sind es die letzten, die ich schreibe. Ich muss zugeben: Jetzt, nachdem das Manuskript fertig ist, bin ich irgendwie frustriert. Denn mir wird bewusst, dass ich viel mehr zu dem Thema hätte sagen wollen und können. Und ganz gewiss muss noch mehr darüber geschrieben werden, wie man von dem Gefühl der inneren Einsamkeit zu einer glücklichen und tiefen Gemeinschaft mit Gott kommen kann.

Bis jemand das Thema aufgreift, lassen Sie dieses Buch in Ihnen die Flamme entfachen und der Beginn eines wundervollen Abenteuers sein, wenn Sie entdecken, dass Ihnen die innige Gemeinschaft mit Gott Zufriedenheit und Erfüllung, Sicherheit und Geborgenheit gibt. Dieses Thema wird jedoch nie ganz ausführlich behandelt werden können, denn die innige Gemeinschaft mit Gott wird erst dann vollkommen sein, wenn wir bei ihm daheim angekommen sind. Aber bis dahin haben wir das Vorrecht, uns von unserer Einsamkeit und Selbstgenügsamkeit abzuwenden und ein Leben anzufangen, das von der innigen erfüllten Gemeinschaft mit Gott geprägt ist.

Unser Leben hat zwei Seiten: tiefe Gemeinschaft und Einsamkeit. Die Bibel und die Menschheitsgeschichte haben uns gelehrt, dass Einsamkeit das Urteil über ein Leben ist, das versucht, das Lebensglück außerhalb von Gott zu suchen. Wie der verlorene Sohn müssen wir uns einen Stoß geben und unsere Herzen heimwärts richten. Der Vater wartet freudig auf uns. Wenn er uns kommen sieht, läuft er uns entgegen. Er wundert sich bestimmt, warum es so lange gedauert hat.

Kapitel 1
In der Ferne
Innige Gemeinschaft auf dem Prüfstand

»Nahet euch zu Gott,
so naht er sich zu euch.«
Jakobus 4,8

Martha atmet erleichtert auf, als sie sieht, dass beide Kinder schlafen. Seitdem der Ältere vier ist, kommt das nicht so oft vor. Ihr scheint, als würde ihr Leben sich nur um die zwei kleinen Kinder drehen. Jeder Tag gleicht dem andern – Essen kochen, putzen, Wäsche machen, Geschichten erzählen und auf dem Boden spielen. Diese kostbaren Minuten, die sie für sich hat, werden immer seltener.

Sie fragt sich, wie ihr Leben wäre, wenn sie keine Kinder hätte. Ihr Mann fährt jeden Morgen ins Büro und scheint gar nicht zu merken, welche Aufgaben er ihr hinterlässt. Wenn er nach Hause kommt und von seinen Problemen und dem Ärger auf seiner Arbeit erzählt, fühlt sie ein wenig Eifersucht. Vor fünf Jahren hatte sie einen eigenen Job und stand kurz davor, Teilhaberin einer kleinen aber gutgehenden Werbeagentur zu werden. Heute würde sie wahrscheinlich mehr als ihr Mann Fred verdienen, aber sie hatte sich dafür entschieden, Mutter zu sein. Sie liebt ihren Mann und die Kinder, trotzdem vermisst sie die beruflichen Herausforderungen und die Zusammen-arbeit mit Kollegen – Möglichkeiten, ihre Kreativität ein-zusetzen. Sie hat Angst, dass sie diese Möglichkeit nie wieder haben wird.

Aber sie wusste auch, dass ein guter Verdienst und der Reiz einer anspruchsvollen Karriere auch bald alltäglich und zur Routine würden. Letztendlich würde sie dann etwas suchen, was ihrer Seele Zufriedenheit und Erfüllung gibt.

Martha könnte Ihnen erzählen, dass ihr eigentlich die Erinnerung an ihr früheres Leben mit Christus nachgeht – bevor alles verschüttet wurde. Nicht absichtlich, sondern langsam – nach und nach, Schritt für Schritt, unmerklich. Damals war sie auf der Suche nach etwas Tieferem – etwas, was zufriedener und glücklicher macht.

Mark ist Anfang dreißig. Er kommt aus einer großen aktiven

Familie, die schon immer sportlich und sozial engagiert war. Aber Leute in seinem Alter treiben nicht mehr so viel Mannschaftssport, und Golf ist für ihn keine wirkliche Alternative. Er und seine Frau haben vor fünf Jahren geheiratet. Sie wollten eine große Familie gründen, aber leider wird seine Frau nicht schwanger. Ein Gefühl der Leere macht sich in ihm breit. Um ihn herum ist es mit seinen Freunden ruhiger geworden, und auch zu Hause scheint es so still zu sein. Er und seine Frau haben so oft über ihre Situation gesprochen, bis sie sich nichts mehr zu sagen hatten.

Gottesdienst und christlicher Glaube sind zur seichten Routine geworden. Die beiden halten an dieser Routine und den Ritualen fest, weil sie sich für Christus entschieden haben, aber das Gefühl der Zufriedenheit und Erfüllung stellt sich nur sporadisch ein. Ihr Leben unterscheidet sich eigentlich nicht viel von dem jener Millionen Menschen, die keine Beziehung zu Christus haben.

Er fängt an, die Hoffnung zu verlieren, dass sein Leben jemals so sein wird, wie er es einst geplant hatte. Auch seine Frau scheint depressiv zu sein, was sie sich selbst gegenüber, geschweige denn ihrem Mann, kaum eingesteht. Wie aber kann er ihr helfen, wenn er selbst nicht weiß, wie er mit dem eigenen unterschwelligen Gefühl der inneren Leere umgehen soll?

Die Suche nach Zufriedenheit und Erfüllung

Puzzle-Spiele mag ich nicht besonders, aber ich weiß, dass man alle Teile haben muss, um zu einem zufriedenstellenden Ergebnis zu kommen. Auch das Leben ist in vielerlei Hinsicht wie ein 1000-Teile-Puzzle. Wir verbringen unsere Tage damit, diese Teile zusammenzusetzen, und hoffen, dass wir aus den einzelnen Stücken etwas Bedeutendes schaffen. Wenn wir aber die wichtigen Teile nicht finden können, die das Bild vollenden, dann sind wir bestenfalls verwirrt und enttäuscht und schlimmstenfalls verzweifelt.

Bedeutende Philosophen haben uns seit Jahrhunderten gesagt, dass ein auf sich selbst bezogenes Leben einsam, sinnlos und leer sein kann. Enttäuschung und Verzweiflung bleiben als Nebenprodukt nicht aus. Zu den angebotenen Heilmitteln gehören passive Schwarzseherei, die mit der Wendung »Was soll's?« unterstrichen wird, bis hin zu Aktivitäten jeglicher Art, die nur einen kurzen Adrenalinschub hervorrufen. Sogar der Schreiber des Buches Prediger durchforschte die Tiefen der Weisheit, des Vergnügens, des Reichtums und der Arbeit, weil er Sinn und Zufriedenheit suchte. Was er fand, war ernüchternd. Seine Schlussfolgerung ist die bittere Wahrheit.

»Und ich wurde größer und reicher als alle, die vor mir in Jerusalem waren. Dazu verblieb mir meine Weisheit. Und alles, was meine Augen begehrten, entzog ich ihnen nicht. Ich versagte meinem Herzen keine Freude, denn mein Herz hatte Freude von all meiner Mühe, und das war mein Teil von all meiner Mühe. Und ich wandte mich hin zu all meinen Werken, die meine Hände gemacht, und zu der Mühe, mit der ich mich abgemüht hatte. Und siehe, das alles war Nichtigkeit und ein Haschen nach Wind. Also gibt es keinen Gewinn unter der Sonne. Bemühen um Weisheit ist nichtig wie um Torheit« (Pred 2,9-11).

Jemand hat es mal anders ausgedrückt: »Leben ist wie eine Jagd auf Wildgänse, aber ohne Gänse.«

Wenn wir ehrlich sind, dann haben wir uns alle schon

gefragt, warum das Leben nicht lohnenswerter ist. Sogar unsere schönsten Glücksmomente lassen selten Bleibendes zurück, und oft ist die Vorfreude viel schöner als das Erlebnis selbst. Wir »durchstreifen« das Leben in der Hoffnung auf etwas, das unsere Aufmerksamkeit fesselt. Am Ende sind wir gelangweilt, in die Irre geführt und innerlich leer. Und wenn das Leben uns packt, dann sind wir schockiert, wie hart und trostlos es sein kann. In ruhigen Momenten fühlen wir uns von dem Gefühl der Bedeutungslosigkeit und Angst verfolgt.

Wir fragen uns: »Warum? Was fehlt mir?«

Es gibt etwas, das alle Philosophen, der Schreiber des Buches Prediger und viele von uns gemeinsam haben: Gott ist nicht mehr der Mittelpunkt unseres Lebens. Wenn Gott aus dem Leben des Menschen verbannt wurde, nur eine unbedeutende Rolle spielt und uns nur auf Abruf dienen soll, dann werden wir einsam. Und in jener Einsamkeit sind die Gefühle der Leere und Verletzbarkeit keine philosophischen Theorien mehr. Es sind nackte Tatsachen.

Sind die Nachfolger Christi davon ausgeschlossen?

Nein.

Sogar die unter uns, die aufgrund der Erlösung Kinder Gottes sind, leben oft so, als sei Gott für die täglichen Angelegenheiten und Erfahrungen nicht wirklich zuständig. Geschickt halten wir einen bestimmten Level religiöser Aktivitäten, die uns angemessen scheinen, aufrecht, aber Gott ist nicht mehr wirklich das Herzstück und der Mittelpunkt unseres Lebens.

Aber das sollte er sein. Und bis er das ist, wird unser Leben minderwertig sein – es wird so mangelhaft, dass es schon tragisch ist.

Leider gewöhnen wir uns an ein Leben in der Gottesferne und verzichten auf echte Zufriedenheit und Erfüllung. Schließlich glauben wir, dass nur andere eine innige und frohe Beziehung zu Gott erleben. Obwohl er uns sogar seine Gemeinschaft anbietet, scheint Gott unerreichbar fern zu sein.

Und somit geben wir auf. Wie beinamputierte Kriegsveteranen vermissen wir das, was wir verloren haben. Aber da wir keine Hoffnung haben, es zurückzubekommen, finden wir uns damit ab.

Aber ein Leben in der Ferne hat immer Nachteile. Es ist schwer, auf Gott zu vertrauen und sich auf ihn zu verlassen, wenn man ohne ihn lebt. Man sündigt schneller und bleibt in der Sünde, wenn man ein Leben in der Gottesferne führt. Letztendlich wird der Abstand zu Gott nur größer. Ein schleichender leiser Zynismus betäubt unsere Seelen. Wir halten den Vers »*Naht euch Gott, und er wird sich euch nahen*« (Jak 4,8) zwar für eine biblische Aussage, die man glauben muss, aber wahrscheinlich niemals erlebt.

Trotzdem ist die Aussage wahr!

Jene, die Gott nahen, erkennen wirklich, dass Gott sich auch ihnen naht. »*Denn wer Gott naht, muss glauben, dass er ist und denen, die ihn suchen, ein Belohner sein wird*« (Hebr 11,6).

Es gibt unzählige Menschen, die diese freudige Erfahrung bezeugen können.

Gott trifft keine Schuld, und wir sind auch keine Opfer irgendeines kosmischen Fehlers.

Die Geschichte vom verlorenen Sohn

Wen die Schuld daran trifft, dass wir so weit von Gott entfernt sind, wird in dem Gleichnis vom verlorenen Sohn in Lukas 15,11-32 klar. Wahrscheinlich ist das die bekannteste und am meisten erzählte Geschichte Jesu. Sie beschreibt eigentlich unsere Erfahrung mit Gott, denn die Geschichte vom verlorenen Sohn ist gewissermaßen auch unsere Geschichte.

Das Gleichnis beginnt so: »*Ein Mensch hatte zwei Söhne; und der jüngere von ihnen sprach zu dem Vater: Vater, gib mir den Teil des Vermögens, der mir zufällt. Und er teilte ihnen die Habe*« (Lk 15,11-12).

Uns wird nicht der Grund für die Bitte des jüngeren Sohnes gesagt. Er hätte diesen Wunsch eigentlich gar nicht äußern dürfen. Vielleicht wurde er zu Hause nicht beachtet oder er wollte sich einen Namen machen. Vielleicht schikanierte der ältere Bruder ihn oder er war gelangweilt. Was auch immer der Grund war, fest steht, dass ihm nicht bewusst war, wie gut es ihm ging. Er führte ein bequemes und sicheres Leben, sein Vater liebte ihn; aber verglichen mit den Verlockungen der Welt schien das alles langweilig zu sein.

Also entschied er sich dafür wegzugehen.

Sein Vater gewährte ihm die Bitte – aus welchem Grund auch immer. Er gab dem Sohn sein Erbteil und ließ ihn gehen – und schaute ihm nach, als er sich auf den Weg in ein fernes Land machte, wo das Abenteuer auf ihn wartete.

Gott ist wie jener Vater, und wir neigen dazu, wie dieser Sohn zu sein. Wenn wir sagen, Gott ist weit von uns entfernt, dann haben *wir* uns von ihm entfernt – nicht er von uns. Vielleicht haben wir Gott bewusst oder unbewusst auf Distanz gehalten. Wir haben uns zwar gewünscht, dass er bei uns ist, wollten aber nicht, dass er sich einmischt. Oder wir haben befürchtet, dass er zu viel von uns fordern könnte und er alles ist, was uns bleibt. Vielleicht sind wir so überreich mit guten Gaben gesegnet worden, dass wir uns gar nicht mehr bewusst sind, wie sehr wir ihn brauchen. Denn wir haben ja alles, was wir brauchen, und brauchen ihn daher nicht wirklich. Vielleicht wussten wir nicht, wie wir mit ihm Kontakt aufnehmen sollen, oder der hektische Alltag hat uns davon abgehalten, seine Gemeinschaft zu suchen.

Was auch immer der Grund ist, unser Leben ist dadurch armseliger, ja es ist sogar in Gefahr. Je weiter wir von Gott entfernt sind, desto weiter sind wir von den drei wesentlichen Dingen unseres Lebens entfernt, die wir wirklich brauchen – wirklich wollen. Gott allein möchte und kann uns echte *Zufriedenheit und Erfüllung, Kraft und Sicherheit* geben. Ohne ihn können wir uns von den bösen Mächten, über die wir keine Kontrolle haben, nicht abwenden. Wir sind leichtsinnig, verblendet und fehlgeleitet, wenn wir aus eigener Kraft wahres Glück, Halt und Sicherheit finden wollen. Und wenn wir zu Gott auf Distanz sind, dann sind wir leichte Beute für die Verführungen Satans. Die Sünde und ihre lähmenden Kräfte lauern im Hinterhalt auf alle, die sich von Gott abwenden.

Wir sind eigentlich die verlorenen Söhne. Wir haben unser Zuhause verlassen und sind von unbedeutenden Verlockungen verführt und gefangen worden. Nicht Gott, sondern wir sind weggegangen. Wenn wir aber erkennen, wie wunderbar er ist und wie einsam und allein wir sind, wird unser Herz sich nach Hause sehnen.

Das Streben nach inniger Gemeinschaft mit Gott ist nicht einfach eine nette Angelegenheit, sondern notwendig, wenn wir zutiefst zufrieden und erfüllt leben wollen. Um ein Leben nach seinem Willen führen zu können und um die Kraft und Sicherheit zu bekommen, die er für uns vorgesehen hat, müssen wir uns auf das lohnende Abenteuer einlassen, die Kluft zwischen ihm und uns zu schließen.

Weil Gott allein mit seiner Liebe unser Herz füllen kann, geben wir uns einen Stoß und laufen nach Hause. Am Anfang erkennen wir den Weg nur unklar, aber mit der Hilfe anderer Pilger bleiben wir auf dem Weg; und je mehr wir uns dem

Zuhause nähern, desto vertrauter wird die Gegend. Wir kommen an der Gemeinde vorbei und erinnern uns an die Zeit, als unser Herz voller Freude Loblieder sang und wir Gott dienten. Dann kommen wir zu der Parkbank, wo wir immer seine Nähe spürten, als wir die Schönheit und das Wunder seiner Schöpfung betrachteten. Und dann sind da noch unsere Bibel und der Platz, wo wir im Gebet mit Gott wertvolle Zeit verbrachten. Und unsere Freunde, die sich auf uns verließen. Wir können uns immer noch an die gemeinsamen Gebete samstagmorgens erinnern.

Wer kommt uns denn da entgegen?

Könnte es Gott sein? Wir waren so lange weg und unsere Entscheidung, in einem fernen Land zu leben, hat ihn traurig gemacht und gekränkt.

Wir haben nicht gewusst, dass er zum Horizont schaute – schaute und wartete –, um zu sehen, ob wir vielleicht heute nach Hause kommen würden. Er hat schon immer auf uns gewartet.

Gott ist es, dessen Mitgefühl uns umgibt. Seine Gnade überwältigt uns, und wir fallen in demütiger Reue zu seinen Füßen nieder. Er richtet uns auf und bringt uns auf den Weg nach Hause. Er verlangt nach dem Festkleid, dem Ring und den Sandalen. Er plant die Feier und verlangt das gemästete Kalb.

Nach langer Zeit spüren wir zum ersten Mal, wie gut es tut, zu Hause zu sein, wo man hingehört. Um die innere Einsamkeit zu vertreiben, müssen wir anfangen, Zufriedenheit, Hilfe und Beistand zu Hause bei Gott zu suchen.

Solange wir leben und atmen, möchte Gott tiefe innige Gemeinschaft mit uns pflegen. Ihm gefällt es nicht, wenn wir ohne ihn leben. Seine unaufhörliche bedingungslose Liebe für jeden Menschen treibt ihn an. Er möchte der Mittelpunkt all unserer Träume, Sehnsüchte, Entscheidungen und Gedanken sein, und er drängt uns, zu ihm umzukehren und das vollendete Werk seines Sohnes, die Gabe des Geistes und die Kraft seines Wortes Wirklichkeit sein zu lassen. Er freut sich über unsere Pilgerreise, bei der wir der Einsamkeit unserer Seele den Rücken kehren und unseren Blick auf den atemberaubenden Glanz der innigen Gemeinschaft mit ihm richten – auf ein Leben, für das wir bestimmt sind.

Wiedervereinigung

In dem Buch *Great Stories Remembered* erzählt Paul Deutschmann die Geschichte einer wunderbaren Wiedervereinigung. Die fast unglaubliche Dynamik dieser Geschichte ist eine Metapher dafür, dass auch wir mit Gott wiedervereint sein können und dass die innige Gemeinschaft mit ihm, die wir einst fühlten, als wir mit ihm am Kreuz vereint wurden, wiederhergestellt werden kann.

Marcel Sternberger war ein ordnungsliebender Mann von fast 50 Jahren mit buschigem, weißem Haar, unschuldigen braunen Augen und der Leidenschaft eines Czardas Tänzers seines Heimatlands Ungarn. Er nahm immer die 9:09 *Long Island Railroad Bahn* von seiner Wohnung am Stadtrand von New York nach Woodside, wo er dann eine U-Bahn in die Stadt nahm.

Am Morgen des 10. Januar 1948 stieg Sternberger wie üblich in den Zug um 9:09 Uhr. Während der Fahrt beschloss er plötzlich, Laszlo Victor zu besuchen, einen ungarischen Freund, der in Brooklyn lebte und gerade krank war.

Daher stieg Sternberger am *Ozone Park* in die U-Bahn nach Brooklyn, ging zu seinem Freund und blieb dort den halben Vormittag. Danach stieg er in eine U-Bahn Richtung Manhattan, zu seinem Büro in der *Fifth Avenue*. Hier ist Marcels unglaubliche Geschichte:

»Die Bahn war voll und es schien als hätte ich keine Chance auf einen Sitzplatz. Aber gerade, als ich einstieg, sprang ein Mann auf, der bei der Tür saß, und stieg aus. Ich setze mich gleich auf den leeren Platz. Ich lebte lange genug in New York, dass ich keine Gespräche mit Fremden anfing. Da ich jedoch Fotograf war, beobachtete ich gern die Gesichter von Menschen. Ich war beeindruckt von den Gesichtszügen des Fahrgastes links neben mir, der sich gerade neben mich gesetzt hatte. Er war wahrscheinlich Ende 30, und wenn er aufschaute, dann schien in seinen Augen ein verletzter Ausdruck zu liegen. Er las eine ungarische Zeitung und irgendetwas veranlasste mich dazu, auf Ungarisch zu sagen: ›Ich hoffe es macht Ihnen nichts aus, dass ich auf Ihre Zeitung schaue.‹

Der Mann schien überrascht, in seiner Muttersprache angesprochen zu werden, aber er antwortete höflich: ›Sie können sie jetzt lesen. Ich werde später noch Zeit dazu haben.‹

Während der halbstündigen Fahrt in die Stadt hatten wir ein außergewöhnliches Gespräch. Er sagte, sein Name sei Bela Paskin. Er studierte Jura, als der 2. Weltkrieg begann und wurde mit einem deutschen Arbeitertrupp in die Ukraine geschickt. Später nahmen ihn die Russen gefangen, und er musste die toten deutschen Soldaten begraben. Nach dem Krieg legte er Hunderte Kilometer zu Fuß zurück, bis er sein Zuhause in Debrecen, eine große Stadt im Osten Ungarns, erreichte.

Ich selbst kenne Debrecen ziemlich gut, und wir redeten eine Weile darüber, dann erzählte er mir den Rest seiner Geschichte. Als er zu der Wohnung ging, in der sein Vater, seine Mutter, seine Brüder und Schwestern einst gelebt hatten, waren dort Fremde. Dann ging er die Treppe hinauf zu der Wohnung, in der er und seine Frau einst gelebt hatten, und auch da lebten nun Fremde. Keiner von ihnen hatte je von seiner Familie gehört.

Als er tief traurig wegging, rannte ein Junge hinter ihm her und rief: ›*Paskin bacsi! Paskin bacsi!*‹, das bedeutet ›Onkel Paskin‹. Das Kind war der Sohn von seinen alten Nachbarn. Er ging zu dem Jungen nach Hause und redete mit dessen Eltern. ›Deine ganze Familie ist tot‹, sagten sie. ›Die Nazis haben alle nach Auschwitz gebracht, auch deine Frau.‹

Paskin gab alle Hoffnung auf. Ein paar Tage später – zu unglücklich, um länger in Ungarn zu bleiben – machte er sich wieder auf den Weg und schlug sich über die Grenzen durch, bis er Paris erreichte. Er schaffte es, im Oktober 1947 in die USA auszuwandern, gerade drei Monate bevor ich ihn traf.

Während er redete, wurde ich den Gedanken nicht los, dass mir die Geschichte bekannt vorkam. Eine junge Frau, die ich kürzlich bei Freunden getroffen hatte, kam auch aus Debrecen; sie war nach Auschwitz gebracht und von dort zur Arbeit in eine deutsche Munitionsfabrik verlegt worden. Ihre Verwandten wurden in der Gaskammer ermordet. Sie selbst war später von den Amerikanern befreit und 1946 mit der ersten Gruppe von Vertriebenen hierher gebracht worden.

Ihre Geschichte hatte mich so sehr bewegt, dass ich

mir ihre Adresse und Telefonnummer notiert hatte, in der Absicht, sie einzuladen, damit sie meine Familie kennenlernen könne und um ihr auf diese Art zu helfen, die furchtbare Einsamkeit in ihrem Leben zu lindern.

Es war fast nicht zu glauben, dass es eine Verbindung zwischen diesen beiden Menschen geben sollte, aber kurz bevor ich aussteigen musste, blätterte ich aufgeregt in meinem Adressbuch. Ich fragte ihn mit einer, wie ich hoffte, ruhigen Stimme: ›War der Name Ihrer Frau Marya?‹

Er wurde blass. ›Ja!‹, antwortete er. ›Woher wissen Sie das?‹

Er sah aus, als ob er gleich ohnmächtig werden würde.

Ich sagte: ›Lassen Sie uns aussteigen.‹ An der nächsten Station nahm ich seinen Arm und führte ihn zu einer Telefonzelle. Er stand da wie in Trance, während ich ihre Telefonnummer wählte.

Es schienen Stunden zu vergehen, bevor Marya ans Telefon ging. (Später erfuhr ich, dass ihr Zimmer neben dem Telefon lag, sie aber die Angewohnheit hatte, nicht ranzugehen, weil sie nur wenige Freunde hatte und die Anrufe immer für jemand anderes waren. Wie auch immer, diesmal war niemand sonst zu Hause, und nachdem sie es eine Weile hatte klingeln lassen, ging sie ans Telefon.)

Als ich ihre Stimme schließlich hörte, sagte ich, wer ich sei, und bat sie darum, ihren Ehemann zu beschreiben. Sie schien überrascht zu sein, gab mir aber die Beschreibung. Dann fragte ich sie, wo sie in Debrecen gelebt habe, und sie nannte mir die Adresse.

Ich bat sie am Telefon zu bleiben, drehte mich zu

Paskin um und fragte: ›Haben Sie und Ihre Frau in der und der Straße gewohnt?‹

›Ja!‹ schrie Bela auf. Er war kreidebleich und zitterte.

›Versuchen Sie sich zu beruhigen‹, bat ich ihn eindringlich. ›Ihnen geschieht gleich etwas Wunderbares. Hier, nehmen Sie den Hörer und reden Sie mit Ihrer Frau!‹

Sprachlos und verwundert nickte er, in seinen Augen standen Tränen. Er nahm den Hörer und hörte einen Moment der Stimme seiner Frau zu, dann plötzlich weinte er. ›Hier ist Bela! Hier ist Bela!‹ und er fing hysterisch an zu stammeln. Als ich sah, dass der arme Mann vor Aufregung gar nicht reden konnte, nahm ich den Hörer aus seiner zitternden Hand.

›Bleiben Sie, wo Sie sind‹, sagte ich zu Marya, die auch aufgelöst klang. ›Ich bringe Ihren Mann zu Ihnen. Wir werden in ein paar Minuten da sein.‹

Bela weinte wie ein kleines Kind und sagte immer und immer wieder. ›Es ist meine Frau. Ich gehe zu meiner Frau!‹

Zuerst dachte ich, es wäre besser, Paskin zu begleiten, falls er vor Aufregung ohnmächtig werden sollte. Aber dann beschloss ich, dass dies ein Moment war, in dem kein Fremder stören sollte. Ich setzte Paskin in ein Taxi und wies den Fahrer an, ihn zu Maryas Adresse zu bringen, bezahlte die Fahrt und sagte auf Wiedersehen.

Bela Paskins Wiedersehen mit seiner Frau war so ergreifend, so überwältigend und voller Gefühlsausbrüche, dass weder er noch Marya sich später an viel erinnern konnten.

›Ich erinnere mich nur, dass ich wie im Traum vom Telefon zum Spiegel ging, um zu sehen ob mein Haar grau geworden war‹, erzählte sie später. ›Das Nächste, was ich weiß, ist, dass ein Taxi vor meinem Haus hielt und mein Mann auf mich zukam. An Einzelheiten kann ich mich nicht erinnern. Nur das weiß ich: Zum ersten Mal seit vielen Jahren war ich wieder glücklich.

Auch jetzt kann man kaum glauben, was geschehen ist. Wir haben beide so viel gelitten: Ich habe fast die Fähigkeit verloren, mir keine Sorgen zu machen. Jedes Mal, wenn mein Mann das Haus verlässt, denke ich: ›Wird irgendetwas passieren, das ihn wieder von mir wegnimmt?‹

Ihr Mann war zuversichtlich, dass kein schlimmer Schicksalsschlag sie je wieder treffen wird. ›Die Vorsehung hat uns zusammengebracht‹, sagte er. ›Es war so bestimmt.‹«

Zweifellos werden skeptische Menschen die Ereignisse jenes unvergesslichen Nachmittags für einen normalen Zufall halten. Aber war es ein Zufall, der Marcel Sternberger plötzlich dazu bewogen hatte, seinen kranken Freund zu besuchen und deshalb eine U-Bahn nahm, mit der er nie zuvor gefahren war? War es Zufall, der den Mann, der neben der Tür saß, veranlasst hatte, plötzlich aufzustehen und auszusteigen, gerade als Sternberger einstieg? War es Zufall, dass Bela Paskin sich neben Sternberger setzte und eine ungarische Zeitung las?

War es Zufall oder ist Gott an jenem Nachmittag mit der *Brooklyn U-Bahn* gefahren?

So wichtig und zwingend, wie diese Wiedervereinigung, die Bela Paskins Leben veränderte, auch war, so dringlich ist auch unsere Begegnung und die tiefe persönliche Beziehung zu unserem Gott, die einen weitaus größeren Lohn verspricht. Wir würden es bereuen und weinen, wenn wir wüssten, worauf wir im Leben verzichten. So führen wir ein Leben, das Gott zwar kennt, aber selten seine Nähe spürt. Sein Geist drängt uns dazu, ein besseres Leben zu erstreben, während wir mit der alltäglichen oberflächlichen Routine und der selbst auferlegten Einsamkeit zufrieden zu sein scheinen. Wir brauchen nicht allein zu leben. Gott wartet geduldig, aber beharrlich, auf uns, und möchte uns grenzenlose Zufriedenheit und Erfüllung, seine Hilfe, seinen Beistand und Sicherheit schenken.

Seien Sie willkommen bei der aufregenden Suche nach der wunderbaren Abhängigkeit von dem Einen, der uns nicht allein lassen wird – dem Einen, der uns niemals verlässt noch aufgibt. Wenn wir uns das Vorrecht der innigen Gemeinschaft vorenthalten, die für uns am Kreuz so teuer erkauft wurde, dann werden wir weiterhin die Einsamkeit eines Lebens fern von Gott ertragen müssen.

Kapitel 2
Einsam und Verlassen

Getrennt sein von Gott – lebensbedrohlich

*»Du hast uns, o Gott, für dich erschaffen, und
unser Herz ist unruhig, bis es ruhet in dir, o Gott.«*
Augustinus

Nigel und Margaret haben eine Frühstückspension in einem abgelegenen Landstrich Englands. Die Pension ist so abgelegen, dass meine Frau und ich uns schon zwei Mal auf der Suche danach verirrt haben. Ich würde immer noch herum fahren, wenn Martie nicht vorgeschlagen hätte, anzuhalten und nach dem Weg zu fragen. Als wir schließlich ankamen, begrüßte uns Nigel draußen. Seine vornehme Art und gepflegte Sprache ließen vermuten, dass er nicht sein ganzes Leben auf dem Lande verbracht hatte. Wir gingen ins Haus, wo Margaret uns warmherzig empfing. Als wir zu unseren Zimmern gingen, fiel mein Blick auf wunderschöne Kunstgegenstände und auf Fotos mit Nigel und Margaret an der Seite von zweifellos bedeutenden Menschen.

Meine Neugier war geweckt und ich fragte mich: *Warum führen Menschen, die offensichtlich aus einer privilegierten sozialen Schicht kommen, im Rentenalter eine Frühstückspension?*

Wir waren ihre einzigen Gäste, und sie luden uns ein, mit ihnen und einem Freund zu Abend zu essen. Im Laufe des Abends fragte ich sie, was sie vor ihrer Pensionierung gemacht hätten. Ich hatte die Hoffnung, einen Hinweis zu bekommen, der meine Neugier befriedigen würde. Sehr gern erzählte Nigel mir die ganze Geschichte.

Vor 43 Jahren waren sie nach Hong Kong gezogen, um dort für die britische Regierung zu arbeiten. Nach einigen Jahren eröffnete Nigel ein Geschäft für Skikleidung, die er in vornehmen Wintersportorte in Australien, Amerika und Großbritannien exportierte. Das Geschäft florierte, und er und Margaret gehörten viele Jahre zur *High Society*, besuchten die teuersten Clubs und reisten in die exotischsten Ferienorte der Welt. Kurz vor ihrer Pensionierung ruinierte die Rezession, die über Amerika und England hereinbrach, sein Geschäft. Ein Schuldner, der dem Unternehmen Nigels neun Million Dollar schulde-te, meldete Konkurs an, ebenso andere, die ihm ihre Schulden nicht zurückzahlen konnten. Er war gezwungen, sein Geschäft zu schließen und verlor fast alles. Margaret und er packten ihre letzten Habseligkeiten zusammen und machten sich auf einem Frachter auf den Weg nach England, wo sie 27 Tage später ankamen.

Ihr ganzes Glück, ihr Halt und ihre Sicherheit hatten sich in Luft aufgelöst.

Nigel und Margaret wurden von etwas bedroht, das einem Leben die meiste Kraft rauben kann: dem Gefühl des Verlassen-seins. Dieses Gefühl bedroht uns alle und entfaltet seine größte Kraft, wenn uns alles, worauf wir uns verlassen und gestützt haben, genommen wird und uns nichts mehr bleibt als das nackte Leben.

Aber es muss nicht immer ein Verlust sein, der unsere innere Leere verstärkt und ein furchtbares Gefühl der Verlas-senheit hinterlässt. Ein Mann aus Ohio gewann 7,5 Millionen Dollar. Vorher hatte er ein Jahreseinkommen von 14 000 Dollar gehabt, jetzt waren es mit einem Schlag fast 300 000 pro Jahr. Er baute sich ein Haus für 170 000 Dollar, was ihn jedoch überraschenderweise nicht glücklich machte. Man sagte sogar, dass sich sein Leben in eine wahre Hölle verwandelt habe, weil die Leute dauernd Geld von ihm forderten. Einige Jahre später setzte er sein Haus in Brand. Die Polizei kam und nahm ihn wegen schwerer Brandstiftung fest. Als er im Polizeiwagen saß, bat er darum, dass man das Auto ein Stück vorfahre, damit er die Flammen besser sehen könne.

Entgegen aller Wahrscheinlichkeit hatte dieser Mann einen Lottogewinn gemacht und er dachte, dass er nun glücklich und zufrieden sein müsste. Aber es war nicht so. Welche Zukunft er sich auch ausmalte, er zog den Kürzeren und blieb allein.

Einsam und Verlassen

Wir fühlen uns einsam und verlassen, wenn unser *Innerstes von allem getrennt wird, was uns echtes Glück, wahren Halt und Sicherheit gibt.* Wir fühlen nicht mehr die vertraute Gegenwart Gottes, seine Kraft und Freude, mit der er uns erfüllt. Es ist die letzte Konsequenz davon, dass wir uns mit anderen und dem, was sie besitzen, vergleichen und schließlich erkennen, dass diese Dinge uns nicht glücklich machen können.

Und für den Fall, dass wir irrtümlicherweise annehmen, dieses Problem hätten nur Menschen, die Gott nicht kennen, sollten wir auf die vielen bekennenden Christen schauen. Auch wir sind mit unserem Leben oft nicht zufrieden. In Krisenzeiten sind wir vielleicht genauso unvorbereitet und ohne jeden Halt wie andere. Auch wir neigen zu dem Denken, dass die wahre Quelle für Zufriedenheit und Erfüllung, Halt und Geborgenheit das Vergnügen und der Wohlstand dieser Welt ist. Wenn etwas in unserem Leben schief läuft, dann sind wir manchmal genauso negativ, zynisch, pessimistisch und verzweifelt wie unsere Nachbarn.

Viele von uns wirken nach außen hin wie vorbildliche Christen. Aber unser Leben zeigt, dass wir uns nicht wirklich auf Gott verlassen, sondern mehr auf andere Menschen oder auf uns selbst. Darum kämpfen wir mit Habgier und Neid gegen andere, die ein wesentlich besseres Leben haben oder mehr besitzen als wir. Wenn Gott unsere einzige Quelle für Glück und Zufriedenheit wäre, dann könnten andere erkennen, dass wir uns an ihm freuen. Wir würden uns auch mit anderen freuen, die mehr als wir haben oder mit einem erfolgreicheren Leben gesegnet sind als wir. Wenn wir eng mit Gott verbunden wären, würden wir nicht bitter, wenn das Leben uns enttäuscht, weil es nicht die Quelle für unser Glück und unsere Zufriedenheit ist. Wir wären sogar viel dankbarer, wenn Gott uns mit Gutem segnet. Wir wären in bestimmten Lebenslagen nicht so abhängig von Emotionen, sondern würden uns auf Gottes Weisheit und Fürsorge verlassen und ihm auch inmitten von Verlust und Leiden treu bleiben. Gefasst könnten wir den Verlust von Geld, Freunden, Familie oder sogar Gesundheit ertragen, denn unser Glück und unsere Zufriedenheit lägen letztendlich nicht in diesen Dingen, auch wenn wir uns an allem, was wir besitzen, erfreuen können.

Wenn die innige Gemeinschaft mit Gott nicht die erste Stelle in unserem Leben einnimmt, wird das Gefühl der Einsamkeit und des Verlassenseins auf uns eine zerstörende Wirkung haben: wenn unsere Eltern sich trennen oder unser Ehepartner uns verlässt, wenn unsere beruflichen Pläne zerstört werden, wenn unsere Kinder sich von uns und von den Werten abwenden, die wir für wichtig halten, oder wenn die großen Träume unseres Lebens platzen. Dieses Gefühl der Verlassenheit wird ständiges Leid verursachen, wenn Ehe, Freunde oder die berufliche Karriere uns nicht so erfüllen, wie wir es uns vorgestellt haben. Wenn die Gesundheit plötzlich dahin ist. Wenn der Wohlstand uns nicht glücklich macht. Wenn wir alt werden und in unserem Leben kaum noch etwas von Bedeutung ist. Es ist die innere Leere, die uns beschleicht, wenn wir auf unser Leben zurückblicken, das zwar arbeitsreich oder sogar erfolgreich war, aber wenig oder gar keinen echten Sinn hatte.

Das Gefühl des Verlassenseins ist die quälende Verzweiflung, wenn man von denen abgelehnt wird, die man am meisten liebt. Genauso fühlen wir uns, wenn wir emotional an den Rand gedrängt oder von Gemeinschaften, die uns wichtig sind, ausgegrenzt werden. Verlassenheit ist das tiefe Gefühl der Frustration, wenn man auf schwierige Lebenssituationen keine

Antwort hat oder unüberwindliche Probleme nicht lösen kann. Wir fühlen uns als Versager, wenn keiner uns versteht oder sich um uns kümmert, wenn wir einen großen Verlust erleiden und alle anderen so weiterleben, als wäre nichts geschehen.

Es ist die Folge eines Lebens, das sich nicht darum gekümmert hat, eine tiefe Beziehung zu der einzigen Quelle zu pflegen, die uns Zufriedenheit und Erfüllung, Halt und Sicherheit schenken kann, egal was passiert.

Das Gefühl der Verlassenheit erfüllt uns mit Zynismus und hinterlässt tief in uns ein Gefühl der Sinnlosigkeit. Das wiederum wirkt sich auf unseren Glauben und unsere Lebensperspektive aus. Wenn wir glauben, dass wir tief in unserm innersten Wesen wirklich allein sind, wird das Leben zur banalen Routine, durch die man hindurch muss. Es ist ein Leben, in dem man sich immer wieder selbst belohnen muss, um die Sinnlosigkeit und Zwecklosigkeit, die man fühlt, zu übertönen. Im fortgeschrittenen Stadium hinterlässt die Einsamkeit in unserem tiefsten Inneren nur noch Verzweiflung und Hoffnungslosigkeit. Zynismus und Pessimismus überschatten unser Leben und lassen uns Sätze sagen wie »Wen kümmert es?« oder »Ist doch ganz egal!«. Das Gefühl, einsam und verlassen zu sein, ist wie ein tödlicher und finsterer Angriff auf das Leben und das Licht unserer Seelen. Es ist ein Leben ohne Wind in den Segeln.

Ich bin zwar kein alter Seebär, habe aber so viel Segelerfahrung, um zwei Probleme zu kennen: Windstille und Sturm. *Windstille* bedeutet, dass es nicht genug Wind gibt, der das Boot antreibt; *Sturm* bedeutet, mehr Wind als deine Segel vertragen können. Man muss die Segel einholen und versuchen, den Sturm heil zu überstehen.

Ein einsames und verlassenes Leben ist ohne die Freude und Wunder Gottes in den Segeln unseres Lebensschiffes. Bei einem

Schicksalsschlag hat man dann nicht genug Wind in den Segeln, um ausreichend Vertrauen und Sicherheit während des Sturms zu haben. Wir leben getrennt von der einzigen Quelle, die uns bewahren kann. Somit sind wir dem Schicksal ausgeliefert und führen entweder ein unerfülltes oder ein so stürmisches Leben, mit dem wir nicht fertig werden können. Viele von uns fallen von einem Extrem ins andere und kommen doch nie zum Ziel.

Mehr als nur allein sein

Das Gefühl, einsam zu sein, ist etwas anderes als der Wunsch, einige Zeit allein verbringen zu können. Es bedeutet mehr, als nur allein zu sein. Menschen haben gerne ab und zu etwas Zeit für sich. Manchmal ist es durchaus heilsam, sich vom betriebsamen und hektischen Leben zurückzuziehen. Wir können uns dann besser auf unsere Werte und Prioritäten besinnen. Jede Mutter weiß um die kostbaren Stunden – oder Minuten – wenn sie endlich einmal allein ist.

Der Herr nahm sich oft solche Zeiten, um sich geistlich zu stärken, um Trost in traurigen Momenten zu finden und sich vom überwältigenden und schnellen Tempo seines arbeitsintensiven Dienstes auszuruhen. Einer der bewegendsten Momente im Leben Jesu war, als er sich in die Einsamkeit zurückzog, nachdem er gehört hatte, dass Johannes der Täufer, sein Cousin, enthauptet worden war. Aber noch bedeutender war, dass Johannes den Märtyrertod sterben musste, weil er das Kommen Christi verkündet hatte. Matthäus erzählt, dass Jesus von diesem persönlichen Verlust sehr betroffen war: *»Als Jesus es hörte, zog er sich von dort in einem Schiff abseits an einen öden Ort zurück«* (Mt 14,13). Als ihm die Menschen in die Einöde folgten, heilte er viele und speiste die Fünftausend.

Dann wird erzählt, dass er seinen Jüngern befahl, an das jenseitige Ufer vorauszufahren, bis er die Volksmengen entlassen habe. Und er »*stieg ... für sich allein auf den Berg, um zu beten*« (V. 23). In diesen Zeiten des Alleinseins verarbeitete er seinen Kummer und stärkte sich, um weiterhin wirksam dienen zu können.

Ich bin ein unverbesserlich geselliger Mensch. Aber nach einem hektischen Tag mit vielen Menschen kann die Heimfahrt im Auto ein sehr schönes Erlebnis sein. Ich bin dann ganz für mich und kann im Radio das anhören, was ich will. Wenn Menschen jedoch eine längere Zeit in der Isolation verbringen, dann beginnt sich ein Gefühl der Einsamkeit breitzumachen.

Dieses Gefühl wird oft von Gefühlen wie Ablehnung, Unsicherheit, Selbstzweifel und Selbstmitleid begleitet. Trotzdem ist Alleinsein nur das erste Merkmal von Einsamkeit. Gewöhnlich bedeutet es, dass wir ohne menschliche Gesellschaft sind und keine Beziehung zu anderen haben.

Ein Mann war mit zwei Freunden auf einer einsamen Insel gestrandet. Ein Flaschengeist gewährte ihnen je einen Wunsch. Der eine wünschte sich, in seiner Firma in Boston zu sein, der andere wünschte sich nach Hause zu seiner Familie nach Chicago. Blitzartig waren beide weg. Der dritte und letzte schaute sich um und sagte: »Ich fühle mich so allein hier. Ich wünsche mir meine Freunde zurück.«

Alleinsein ist etwas *Äußerliches*. Um nicht mehr allein zu sein, muss man nur die Umgebung wechseln. Freundschaften pflegen und ehemalige, zerbrochene Beziehungen wiederherstellen kann das Alleinsein beenden.

Einsamkeit ist etwas *Inneres*. Sie ist ein Zustand der Seele, des Herzens und des Verstandes. Man kann unter vielen guten Freunden sein und trotzdem sich zutiefst einsam fühlen. Der bekannte östliche Mystiker und Philosoph, J. Krishnamurti sagt, dass die Einsamkeit in unserer Gesellschaft sehr verbreitet ist. Er zieht daraus folgenden Schluss:

»Auch wenn du unter vielen Menschen bist, kannst du dich zutiefst einsam fühlen. Du kannst auch mit etwas sehr beschäftigt sein, aber das Gefühl der Einsamkeit überfällt dich doch. Du legst ein Buch weg und plötzlich ist das Gefühl da. Weder Vergnügen noch Alkohol können diese Einsamkeit zudecken; man kann ihr vielleicht kurzzeitig entgehen, wenn aber der Spaß und die Wirkung des Alkohols vorbei sind, kommt die Angst vor der Einsamkeit zurück.«

Weiter sagt er:

»Man kann ehrgeizig und erfolgreich sein, ungemeine Macht über andere Menschen haben, oder man hat ein großes Wissen oder betet etwas an oder vergisst sich selbst in langen Andachtsübungen; tu was du willst, aber der Schmerz der Einsamkeit hält weiterhin an ... Du kannst lieben oder hassen, kannst je nach Temperament oder psychischer Beanspruchung vor dem Gefühl fliehen, aber die Einsamkeit ist da und wartet ab und beobachtet, zieht sich zurück, nur um dann wieder zurückzukommen.«[1]

Gemeinschaft mit Gott

Tatsache ist, dass die Heilige Schrift über dieses Gefühl der Einsamkeit und Verlassenheit eine klare und bedingungslose Behauptung macht. Ich hoffe, dass Sie gut zuhören, und zwar so, als wäre es der wichtigste Rat, den Sie jemals in Ihrem Leben gehört haben oder jemals hören werden. Versuchen Sie nicht, diese Grundwahrheit mit frommen Gedanken und vergeistigten Nebensächlichkeiten zu erklären. Wenn Sie diese Wahrheit gehört haben, lesen Sie nicht weiter, sondern legen Sie dieses Buch beiseite, tauchen Sie ab in die Tiefe Ihrer Seele und denken Sie über die Bedeutung dieser lebensverändernden Wahrheit nach.

Diese Wahrheit heißt: *Nur Gott ist fähig, die Gemeinschaft zu geben, die unsere Einsamkeit vertreibt. Nur er kann uns Zufriedenheit und Erfüllung, Halt und Geborgenheit geben.*

Lesen Sie erst weiter, wenn Ihr Verstand und Ihr Herz diese Wahrheit mit ihrer ganzen Konsequenz verstanden und verinnerlicht haben. Das wird drastische Folgen haben, und die Umsetzung ist lebensverändernd – ja sogar lebensgefährlich.

Als Nigel seine Geschichte über ihren Verlust zu Ende erzählt hatte, unterbrach ihn Margaret und sagte: »Sie brauchen aber kein Mitleid zu haben, denn bei allem hatten wir Gott und einander. Ohne die stützende Gemeinschaft mit Gott, seine Hilfe, seinen Beistand und das gemeinsame Gebet, hätten wir es nie geschafft. Heute sind wir sogar glücklicher als damals, als wir noch Geld, Rang und Namen hatten.«

Zugegeben, Gott versorgt uns, trägt uns und gibt uns Geborgenheit, indem er uns zuverlässige Freunde schenkt und materiell gut versorgt. Wenn jedoch alles zusammenbricht wie bei Nigel und Margaret, dann ist es letztendlich *Gott und nur Gott allein, der uns helfen kann.*

Vielleicht wissen wir das, haben uns aber zu sehr davor gefürchtet, alles auf eine Karte zu setzen, und aus Gott, der wahren Quelle des Lebens, zu schöpfen. Vielleicht spiegelt sich unsere Angst in den Worten des Dichters wider, der schrieb: »Wenn ich nur ihn habe, dann wollte ich nichts anderes.« Die

Kontrolle über das eigene Glück und die eigene Sicherheit zu verlieren, ist ein beängstigender Gedanke. Deswegen neigen wir dazu, uns auf unwesentliche Dinge zu verlassen und halten die wichtigste Kraftquelle für selbstverständlich. Wenn uns diese zweitrangigen Dinge keinen Halt mehr geben, werden wir schwach und verletzlich. Wenn wir unser Vertrauen nicht allein auf Gott setzen, werden wir letztendlich in guten und schlechten Zeiten einsam und verlassen sein.

Wir leugnen nicht nur, dass wir geistlich entfernt von Gott leben, sondern wir verlassen uns auch auf unwichtige Dinge. Die Tatsache, dass Gott in unserem Leben nicht die einzige Quelle für alles ist, beweist diese Behauptung. Wann haben wir das letzte Mal Gott gelobt, indem wir ihm sagten, dass *er* das Wichtigste in unserem Leben ist und alles, was wir brauchen? Dass wir Zufriedenheit und Erfüllung in der Gemeinschaft mit ihm haben, selbst wenn wir alles verlieren würden? Dass wir auf ihn *vertrauen*, auch wenn alle irdischen Hilfen versagen sollten? Dass er uns Hilfe und Beistand ist und wir in allen Lebensphasen auf ihn vertrauen? Dass wir uns auch in Gefahr auf ihn verlassen, weil er uns *Mut* gibt, der aus der innigen Beziehung zu ihm kommt? Könnten wir so ruhig wie der Psalmist reagieren:

»Der HERR ist mein Licht und mein Heil, vor wem sollte ich mich fürchten? Der HERR ist meines Lebens Zuflucht, vor wem sollte ich erschrecken?
Wenn Übeltäter mir nahen, mein Fleisch zu fressen, meine Bedränger und meine Feinde, so sind sie es, die straucheln und fallen.
Wenn sich ein Heer gegen mich lagert, so fürchtet sich mein Herz nicht; wenn sich auch Krieg gegen mich erhebt, trotzdem bin ich vertrauensvoll« (Ps 27,1-3).

Es wäre bestimmt sehr aufschlussreich, wenn wir einmal ehrlich alles aufzählen würden, was uns im Leben Zufriedenheit und Erfüllung gibt. Ich vermute, dass alle, die mit einem relativ harmonischen und erfolgreichen Leben gesegnet sind, Dinge wie Zuhause, Familie, Freunde, ein schöner Tag beim Einkaufsbummel, Einkommen, Hobby, Arbeit, Ferien, ein kleines Ferienhaus am See und eine Golfpartie an einem schönen Sommertag ganz oben auf die Liste setzen würden.

Viele von uns würden Gott nicht einmal dort aufführen, bis jemand uns daran erinnert, dass er doch dort stehen sollte. Und wenn es so wäre, dann wäre er zweifellos nur eine Sache unter vielen. Wenn jemand fragte, wie Gott unserem Leben Zufriedenheit und Halt gibt, was würden wir antworten?

Ein Leben ohne die innige Gemeinschaft mit Gott ist ein wirklich einsames Leben. *Innige Gemeinschaft bedeutet, dass wir ihn immer besser kennenlernen, uns immer mehr an ihn hängen und unser Leben geprägt ist von einem tiefen Vertrauen in seine unfehlbare Führung.* Wenn wir jedoch unser Glück und unsere Kraftquelle hinter der Fassade einer mechanischen und ritualisierten Beziehung zu ihm suchen, dann leben wir ein Leben fern von ihm.

In dieser Ferne gibt es alles, was wir wollen und brauchen. Es gibt dort sogar Platz für religiöse Aktivitäten und fromme Anstrengungen. Aber es gibt auch die Einsamkeit, ein ständiges Stöhnen unter der Oberfläche. Etwas fehlt – und dieses Etwas ist Gott. Er lebt dort nicht. Er ist zu Hause; da, wo auch wir hingehören. Tatsächlich gibt es die wirklich guten Dinge, die wir in der Ferne suchen und genießen, auch bei ihm zu Hause. Und er wartet dort. In seinem Haus sind seine Geschenke zu unserer Freude bestimmt. Wir erkennen nur nicht, dass sie uns Glück, Zufriedenheit und Sicherheit geben. Paulus sagt: »*Gott, der uns alles reichlich darreicht zum Genuss*« (1Tim 6,17). Wenn wir bei ihm sind, dann brauchen wir nicht die unbedeutenden Dinge, um unsere Seele zu befriedigen. Dann sind wir mit ihm verbunden und er ist unsere wahre Kraftquelle.

Niemals einsam und verlassen

Wenn wir uns mehr und mehr mit Gott verbinden, können wir zwar das *Alleinsein* erleben, werden aber nie von demjenigen *verlassen*, der unserem Leben echte Hilfe und echten Beistand gibt. Er wurde abgelehnt, ausgegrenzt, missverstanden und nie ganz anerkannt als der, der er war. Er wusste, was es heißt, geächtet zu werden. Obwohl er manchmal allein war, war er niemals wirklich einsam und verlassen. Johannes 8,29 beschreibt das Vertrauen Christi: *»Und der mich gesandt hat, ist mit mir; er hat mich nicht allein gelassen.«* Auch als er merkte, dass seine Lehre von den Menschen abgelehnt wurde, sagte er: *»Wenn ich aber auch richte, so ist mein Gericht wahr, weil ich nicht **allein** bin, sondern ich und der Vater, der mich gesandt hat«* (Joh 8,16). Einmal sprach er von dem Unterschied zwischen *Alleinsein* und *Verlassensein*: *»Siehe, es kommt die Stunde und ist gekommen, dass ihr euch zerstreuen werdet, ein jeder in seine Heimat und mich allein lassen· werdet; doch ich bin nicht allein, denn der Vater ist bei mir«* (Joh 16,32).

Jesus schöpfte Kraft für sein Leben und seinen Dienst aus der innigen Gemeinschaft mit seinem Vater. Er war seine wichtigste und einzige Quelle für Zufriedenheit und Erfüllung, Halt und Geborgenheit und hatte Vorrang vor allem anderen. Die tiefste Qual erlitt Christus am Kreuz, als er rief: *»Mein Gott, mein Gott, warum hast du mich verlassen?«* (Mt 27,46). Das war der Schrei der Verlassenheit.

Alleinsein ist nur *vorübergehend*. Wenn Gott nicht das

Fundament im Leben eines Menschen ist, ist Einsamkeit *unvermeidlich.* Ich bin davon überzeugt, dass der wahre Schrecken der Hölle nicht Satan, Dämonen, das Feuer oder die furchtbare Umgebung sein werden, sondern die Erkenntnis, dass es für alle Zeiten keine Hoffnung mehr auf Gott gibt. Und weder ein Mensch noch irgendetwas anderes wird unser tiefes Verlangen nach der innigen Gemeinschaft mit Gott stillen. Die fürchterlichste Form der Höllenpein aber ist die ewige Einsamkeit.

Natürlich bieten die Dinge und Freuden dieser Welt kurzfristig Befriedigung und Halt. Aber bestenfalls sind sie nur wie Feuerwerke in der Ferne, die die Nacht unseres Lebens mit flüchtigen euphorischen Gefühlen erhellen. Aber die Nacht bricht schnell wieder herein.

Und wir sind einsam und verlassen.

Wie es mit dem verlorenen Sohn weiterging

Als der verlorene Sohn von zu Hause wegging, war er voller Abenteuerlust und seine Taschen waren voller Geld. Zweifellos begeisterte ihn seine Selbstständigkeit. *Endlich Ruhe und sein eigener Herr sein.* Dass Einsamkeit zu einem Problem werden könnte, daran dachte er am allerwenigsten.

Auch wir fühlen uns unter Druck gesetzt, gehetzt und gedrängt, und wir sehnen uns danach, mal allein zu sein. Doch einfach nur sich selbst überlassen zu sein, ist keine Garantie für den inneren Frieden, den wir suchen. Vielleicht genießen wir für eine Weile die Ruhe, aber dieses Gefühl vergeht. Wenn wir nicht jenes tiefe Glücksgefühl haben, das nur Gott geben kann, dann sind wir allein auch nicht viel glücklicher als unter vielen.

Wann wird Abgeschiedenheit zum Alleinsein? Und wann

entartet Alleinsein zur Einsamkeit? Ich denke, das kommt auf unsere Persönlichkeit an. Aber ohne Gottes Gegenwart in unserem Leben und die innige Gemeinschaft mit ihm, die nur er schenken kann, wird es immer mehr bergab in die Einsamkeit gehen.

Der verlorene Sohn kam in der ersten Nacht nicht sehr weit weg von zu Hause. Glauben Sie, dass er in dieser Nacht auf seinem Weg einen Hauch von Heimweh verspürte? Natürlich begann er zu merken, dass er für die gewonnene persönliche Freiheit vertraute Beziehungen opferte. Wenn er an diesem Punkt umgekehrt wäre, hätte er nicht viel leiden müssen. Aber er ging weiter in die falsche Richtung. Immer weiter weg von zu Hause.

KAPITEL 3
Innige Gemeinschaft auf dem Prüfstand
Die Last des Eigentums

*»Derjenige, der nichts braucht, weil er sich selbst genügt,
muss entweder eine Bestie oder ein Gott sein.«*
Aristoteles

Bob und Ginger waren noch nicht lange verheiratet und schon auf dem besten Weg, Karriere zu machen. Sie bauten sich ihr Traumhaus, gingen in die richtigen Clubs und sparten sich im Laufe der Jahre mehr Geld an, als sie brauchten. Sie hatten drei hübsch gekleidete Kinder, konnten sich einen Babysitter leisten, der bei ihnen wohnte, und sie schickten ihre Kinder auf die besten Privatschulen.

Bob und Ginger kamen beide aus einem gläubigen Elternhaus und blieben trotz ihres Reichtums in ihrer Gemeinde engagiert. Wenn sie in der Stadt waren, gingen sie in den Gottesdienst und taten ihr Bestes, den Pastor zu ermutigen und sich an den Gemeindeaktivitäten zu beteiligen. Aber wie für viele andere Christen war ihre persönliche Beziehung zum Herrn eher eine rituelle Pflicht ohne Leidenschaft und Hingabe. Für sie lag die wahre Quelle für Zufriedenheit und Erfüllung, Halt und Geborgenheit in der scheinbar unzerstörbaren Festung aus Reichtum, gesellschaftlichen Beziehungen und den Schätzen, die sie sich angehäuft hatten.

Interessant ist, dass Bob und Ginger für viele in der Gemeinde Vorbilder waren, obwohl sich ihr Leben auf den sozialen Status und materiellen Wohlstand konzentrierte. Während die meisten Gemeindemitglieder materiell gesehen eher zum Durchschnitt gehörten oder nur wenig besaßen, war es auch bei ihnen so, dass ihrem Leben mit Christus die innige Beziehung fehlte. Eigentlich wünschten sich die meisten sogar, so wie Bob und Ginger zu sein. Sie hielten es für sehr erstrebenswert und dachten, dass *sei Leben in seiner schönsten Form*. Ihre Lebensphilosophie war, dass Freunde und Wohlstand die Grundlage für Zufriedenheit und Erfüllung sind.

Wenn Selbstständigkeit unser Leben mehr prägt als Abhängigkeit von Gott, dann haben wir selten das Gefühl, auf Gott angewiesen zu sein, und unsere Seele wird nicht von leidenschaftlicher Sehnsucht nach ihm verzehrt. Stattdessen sehnen wir uns erst dann nach Gott, wenn wir in Not geraten oder irdische Dinge sich als wertlos erwiesen haben. Wir sehnen uns nach ihm in schweren Zeiten, anstatt täglich unsere Beziehung zu ihm zu pflegen, der einzigen wahren Quelle unseres Glücks. Er ist für den Fall da, dass wir ihn brauchen *könnten,* nicht aber, weil wir denken, ihn wirklich zu brauchen. Er ist für uns wie der »ärztliche Notruf«. Wenn in unserem Leben alles glatt läuft (wenngleich wir das nie zugeben würden), haben wir das Gefühl, auch ganz gut ohne ihn auszukommen.

Der Psalmist beschreibt das Verlangen nach ihm jedoch auf eine zu Herzen gehende Art. In seiner Sehnsucht spielt Gott eine ganz andere Rolle als bei uns. Gott ist das Zentrum seiner Abhängigkeit und all seiner Wünsche. Er vergleicht sich mit dem Wild, das Wasser zum Überleben braucht, und daher sehnt er sich zutiefst nach dem, den er unbedingt braucht.

»Wie eine Hirschkuh lechzt nach Wasserbächen, so lechzt meine Seele nach dir, o Gott!
Meine Seele dürstet nach Gott, nach dem lebendigen Gott: Wann werde ich kommen und erscheinen vor Gottes Angesicht?« (Ps 42,1-2).

Bei einer Reise durch den Nahen Osten nahmen meine Frau Martie und ich auf einer Wüstensafari in den Vereinigten Arabischen Emiraten an einem Kamelritt teil. Auf dem Ritt durch die ruhige trostlose Wüste wurden wir eine Stunde lang auf diesen hässlichen Tieren durchgeschüttelt. Unser Führer erklärte, dass Kamele drei Monate ohne Wasser auskommen können. Diese Tiere sind ganz offensichtlich für die Wüste geschaffen.

Was für ein Unterschied zu diesen Trampeltieren – sie

sehen aus wie Pferde, deren einzelne Teile beliebig zusammengewürfelt wurden – sind doch die geschmeidigen Hirschkühe, an die der Psalmist dachte, als er das Verlangen seiner Seele nach Gott beschrieb und mit dem Durst einer Hirschkuh verglich, die nach Wasserbächen lechzt. Die Hirschkuh springt durch Wald und Flur und wird regelmäßig mit Wasser versorgt. Denn Wasser braucht sie und danach verlangt das Tier in seinem unruhigen Leben.

Nach diesem einstündigen Wüstenerlebnis kam mir der Gedanke, dass viele von uns mehr diesem Kamel gleichen als der Hirschkuh. Ganz selten fühlen wir, dass wir Gott dringend brauchen und leben monatelang, ohne uns nach ihm zu sehnen. Tatsächlich ist für einige von uns das Leben wie ein langer Weg, vollgestopft mit religiösen Aktivitäten, aber ohne jegliche Sehnsucht nach Gott und dem Wunsch, von ihm abhängig zu sein. Das Problem ist nur, dass wir nicht für ein Leben in einer geistlichen Wüste gemacht worden sind. Wir wurden geschaffen, um zu Gott Verbindung aufzunehmen und regelmäßig seine wohltuende Gegenwart in unserer Seele zu spüren.

Warum hat wohl der Schreiber des 42. Psalms seine heftige Sehnsucht nach Gott geäußert? Auf den ersten Blick könnte man glauben, dass er in Schwierigkeiten steckte oder einen großen Wunsch hatte, den Gott erfüllen sollte. Doch überraschenderweise steckte er in keiner tiefen Krise und hatte keinen besonderen Grund, Gott um Barmherzigkeit zu bitten. Obwohl er gesund und reich war, betete der Psalmist so inbrünstig, weil er zutiefst Gottes Gegenwart und Freude spüren wollte, und diese Überzeugung weckte in ihm das Verlangen nach inniger Gemeinschaft mit Gott.

Der Psalmist ist an dem Ort, wo die Juden in ihrer Geschichte oft waren: im Exil. Als Verbannter ist er abgeschnitten von der Gegenwart Gottes in Jerusalem. Wehmütig erinnert er sich an die Tage, als Gott im Tempel angebetet wurde und er sich an den großen Festen Israels erfreute. Diese Trennung von Gott löste ein Verlustgefühl aus und die Sehnsucht danach, Gott wieder als die wahre Quelle für Glück und Zufriedenheit zu erleben.

Der Text beschreibt weiter, dass die Heiden ihn rügen, weil er nicht ihre Götter aus Holz und Stein anbetet, und sie verhöhnen ihn wegen seiner beharrlichen Treue zu dem Gott seiner Seele. Sie sticheln: »Wo ist dein Gott?« Dies verstärkt nur sein Verlustgefühl. Er klagt:

»Daran will ich denken und vor mir ausschütten meine Seele, wie ich einherzog, in der Schar sie führte zum Hause Gottes, mit Klang des Jubels und Dankes – ein feierlicher Aufzug« (Vers 5).

Er hält dem Druck stand und sein Herz widersteht der Versuchung, sich auf die leeren Versprechungen der fremden Götzen zu verlassen. Sein Herz flieht zu Gott, zur Quelle, die ihn mit allem versorgt.

»Warum bist du so aufgelöst, meine Seele, und stöhnst in mir? Harre auf Gott! Denn ich werde ihn noch preisen für das Heil seines Angesichts« (Vers 6).

Einige behaupten, dass wir – theologisch gesehen – niemals allein sind. Wir glauben, dass Gottes Gegenwart uns zusteht, weil er uns durch sein Erlösungswerk erkauft hat. Hier stimme ich zu, aber genau *das* ist auch das Problem. Anders als der Psalmist ist Gott für uns wie eine große Trickkiste, in die wir hineingreifen, wenn wir Probleme haben. Es ist nicht so, dass wir uns in gewissen Zeiten nicht an ihn wenden würden. Wir freuen uns darüber, zu Gott zu gehören und ihm zu dienen, wenn sich die Gelegenheit bietet. Wir gehorchen Gott und leben gerne für ihn. Aber sich nach Gott zu *sehnen,* scheint nicht zu unserem geistlichen Programm zu gehören. Wir haben gelernt, für Gott *aktiv* zu sein, *brauchen* ihn aber nicht so sehr, dass wir nicht genug von ihm bekommen könnten.

Weil wir zu Gott gehören, sollten wir uns auch zutiefst nach ihm sehnen. Diese tiefe Sehnsucht der Seele sollten wir wieder aufleben lassen, darauf hören und zum Mittelpunkt all unseres Strebens machen. Äußerlich gesehen können wir mit Gott und seinem Reichtum verbunden sein, aber innerlich führen wir ein einsames und armes Leben. Wenn wir ihn dann plötzlich brauchen (er ist tatsächlich immer für uns da), dann wissen wir nicht, wie wir uns ihm nähern sollen, um Hilfe und Beistand zu bekommen, weil wir keine innige Gemeinschaft mit ihm gepflegt haben. Wir fühlen uns allein gelassen und hilflos, zwei Gefühle, die den Kern der Einsamkeit bilden.

Vertrautheit: Nahrung für unsere Seelen

Das Gegenteil von Einsamkeit ist Vertrautheit. Normalerweise denken wir bei Vertrautheit an eine enge persönliche Beziehung. Die Vertrautheit, die unsere oberflächliche, manchmal armselige moderne Gesellschaft anbietet, wird mit Kleidung, sexuellen Abenteuern, Duftwasser, Videofilmen, Abendessen bei Kerzenlicht und schwerem Rotwein, Luxusautos, voyeuristischem Chat im Internet oder irgendeinem verräucherten Nachtclub verbunden.

Das ist nicht die Vertrautheit, nach der sich unsere Seele sehnt. Jedes Mal, wenn wir aus der Quelle der Welt schöpfen, gehen wir leer aus. Die Vertrautheit, nach der wir verlangen, kann nur in einer wachsenden innigen Beziehung zu dem Einen gefunden werden, der allein vollkommen dazu geeignet ist, uns Glück und Kraft zu geben. Wie wir gesehen haben, ist echte Vertrautheit das, was wir erfahren, wenn wir Gott – und nur Gott allein – immer bewusster wahrnehmen, ihm immer mehr vertrauen und uns an ihn klammern, weil er unsere einzige unerschöpfliche Kraftquelle im Leben ist. Das kann man weder am Kiosk um die Ecke noch auf dem Markt oder im Urlaub kaufen, auch nicht mit einem ausgefüllten Terminkalender erreichen. Wenn es um Vertrautheit geht, dann sind diese Dinge Oberflächlichkeiten und haben nichts mit dem Glück und der Erfüllung zu tun, die aus der tiefen Beziehung zu Gott entstehen. Er allein kann unserer Seele Frieden geben.

Als die Pharisäer Jesus fragten, was das höchste Gebot sei, antwortete er: »*Du sollst den Herrn, deinen Gott, lieben aus deinem ganzen Herzen und aus deiner ganzen Seele und aus deinem ganzen Verstand und aus deiner ganzen Kraft*« (Mk 12,30; siehe auch 5Mo 6,5; Mt 22,37). Er wusste, dass das Leben nur dann sinnvoll und erfüllt ist, wenn Gott darin an erster Stelle steht.

Als wir das Leben des verlorenen Sohnes anschauten, hatte er gerade sein Erbe einkassiert und die Vertrautheit seiner Familie und Freunde verlassen. Er reiste weg in ein fernes Land. In der Geschichte wird erzählt, dass er dort »*sein Vermögen vergeudete, indem er verschwenderisch lebte*« (Lk 15,13). Uns wird nicht genau erzählt, was alles passierte, aber wir erfahren später, dass der ältere Bruder vermutete, dass Prostituierte dabei im Spiel waren; doch vielleicht nahm er nur das Schlimmste an.

Der verlorene Sohn war einfach nur im Kaufrausch. Vielleicht war er aber auch nur auf der Suche nach dem, wonach seine Seele sich sehnte. Er konnte sich neue Dinge und neue Freunde kaufen. Bei ihm saß das Geld locker.

Als es ihm schlechter ging, brach alles zusammen: »*Als er aber alles verzehrt hatte, kam eine gewaltige Hungersnot über jenes Land, und er selbst fing an, Mangel zu leiden*« (Lk 15,14). Zum ersten Mal in seinem Leben lernte der verlorene Sohn, was es heißt »*Mangel zu leiden*«. Zu Hause hatte sein Vater für ihn gesorgt. Dann hatte er von seinem Erbe gelebt. Aber was sollte er jetzt tun?

Wenn wir nicht ständig die innige Vertrautheit mit Gott, unserem Vater, suchen, dann werden wir letztlich mit dem gleichen Dilemma zu kämpfen haben.

Der verlorene Sohn dachte, Gesellschaft und materieller Wohlstand würden ausreichen. Das war sein Problem. Was uns am meisten daran hindert, Gemeinschaft mit Gott zu haben, ist unser Streben nach Selbstständigkeit und Unabhängigkeit.

Warum beten Christen so selten? Warum kennen wir die Bibel so wenig? Warum nehmen wir uns so wenig Zeit, Gott durch sein Wort kennenzulernen und warum bitten wir ihn selten um Führung und Rat? Warum lehnen wir ihn und seine Wege mit uns schnell ab, sobald wir schwer geprüft werden und wir uns entscheiden müssen? Warum loben wir uns selbst so schnell und sonnen uns in unserem Erfolg und unseren Leistungen? Warum sind wir nicht dankbarer?

Warum leben wir nicht in der Abhängigkeit von Gott und loben ihn für alles?

Weil wir von den falschen Dingen abhängig sind und glauben, dass wir alles nötig haben. Selbstständigkeit kann bis zu einem gewissen Maß angebracht sein. Aber wenn wir über dieses Maß hinausgehen, bröckelt sie. Wenn unsere Beziehung zu Gott nicht wächst, sind wir verloren.

Es geht nicht nur ums Materielle

Nicht alle sind überzeugte Materialisten. Viele wissen, dass materieller Wohlstand schon bald seine Faszination verliert und nicht befriedigt. Der ehemalige Sportler Muhammad Ali, der wie »ein Schmetterling schwebte und wie eine Biene stach« und heute an Parkinson leidet, sagte einmal: »Ich besaß alles auf der Welt, und es war nichts.«[1] Wir als Christen sind vielleicht sogar stolz darauf, den Fängen des Konsums entronnen zu sein – stattdessen klammern *wir* uns an Freunde, Familie und Beziehungen. Auch wenn sie viel glücklicher machen (denn haben Sie jemals Liebe gespürt, als Sie ihr neues Auto umarmten?), bleibt die Tatsache, dass man auch in Beziehungen zutiefst enttäuscht werden kann. Wenn wir unser Glück und unsere Zufriedenheit von guten und herzlichen Beziehungen abhängig machen, dann ist das sehr riskant.

Freundschaften werden oft aufgrund gemeinsamer Interessen wie Karriere, Sport oder politische Überzeugungen geschlossen. Wenn es diese gemeinsamen Interessen nicht mehr gibt, zerbrechen auch Beziehungen.

Natürlich sind nicht alle Freunde so wankelmütig. Aber zuverlässige Freunde sind nicht immer in Reichweite. Nachdem wir unsere ganze Kraft in unsere Kinder gesteckt haben, verlieben sie sich, führen ihr eigenes Leben, ziehen weg, und wir bleiben, fühlen uns einsam und verlassen. Lebenspartner sterben nach vielen Jahren glücklicher Ehe und können nicht ersetzt werden. Beste und lebenslange Freunde müssen auf die andere Seite des Kontinents ziehen, wo sie ein neues Leben ohne uns beginnen.

Eine der größten Täuschungen unserer Generation ist die Vorstellung, unverbindliche sexuelle Erfahrungen könnten

Glück, Erfüllung und Geborgenheit geben. Die heutige Generation ist fest davon überzeugt, dass Lebensglück in kurzlebigen Beziehungen mit ständig wechselnden Sexualpartnern besteht. Aber sogar diese Vorstellung löst sich auf. Auf der Titelseite einer Ausgabe der *U.S. News & World Report* hieß es: »Das Problem des vorehelichen Geschlechtsverkehrs.« Der Untertitel brachte es auf den Punkt: »Die Amerikaner glauben, dass dies kein großes Problem ist – vielleicht sollten sie das aber.« In dem Artikel wurde berichtet, dass es ein Trugschluss sei zu meinen, sexuelle Freizügigkeit könne Geborgenheit und Vertraulichkeit schenken. Jennifer Grossman, eine alleinstehende 30-Jährige, die für das Fernsehen arbeitet, sagte in einem Interview etwas höchst Aufschlussreiches. Auf die Frage: »Was ist gut für uns?«, antwortete sie, die sich selbst als freiheitsliebend beschreibt:

»Ich habe mich bei meiner liberalen Mutter beklagt, dass meine Freunde Angst davor hätten, sich zu binden. Sie sagte dann: ›Na ja, warum soll man die Kuh kaufen, wenn die Milch umsonst ist?‹ Wir leben in einem sexuellen Schlaraffenland, die Milch ist umsonst, Menschen werden mit Sex überfüttert – und dennoch hungern wir nach Liebe ... Und der Safer-Sex-Slogan – ›Du schläfst mit jedem Einzelnen, mit dem auch dein Liebhaber geschlafen hat‹ – hat jetzt einen Nachgeschmack: Du teilst dir mit seinen Ex-Frauen und Freundinnen die Gefühlswelt ... Wenn man vorehelichen Geschlechtsverkehr befürwortet und dazu ermutigt, kann man die Vorstellung kaum aufrechterhalten, dass die Liebe einem persönlich gilt.«[2]

Jennifers Gedanken sagen sehr viel aus. Häufiger Partnerwechsel verspricht viel, hält aber nichts. Jennifer sagt sehr deutlich, dass wir zutiefst den Wunsch haben, persönlich geliebt zu werden und dass das »sexuelle Paradies« diese Sehnsucht nicht stillt.

Zweifellos ist der älteste Irrglaube der, dass Ehre und Ruhm, Macht und gesellschaftliche Stellung wirklich glücklich und zufrieden machen. Satan war ursprünglich ein großer und herrlicher Engel des Lichts, aber er wollte Ehre, Macht und Ruhm, die nur Gott gebührt. Er wollte Gott verdrängen und den Mantel der Herrlichkeit Gottes anlegen. Gott verurteilte ihn dafür. Seitdem bemüht er sich, die Menschheit zu verführen, die bittere Frucht ihrer eigenen Dummheit zu schmecken.

In Shakespeares *Henry VIII.* rückte Kardinal Wolseys in seiner letzten Rede irdischen Ruhm ins rechte Licht. Der Kardinal hatte unter der Regierungszeit des Königs beispiellos an Macht und Einfluss gewonnen. Nach jahrelangem Ruhm wurde er nun Opfer einer heimtückischen Verschwörung seiner Feinde und verlor die Gunst des Königs. Nachdem man ihm nun seine hohe Position weggenommen hat, denkt er zum ersten Mal vernünftig nach. Er steht allein auf der Bühne und spricht dabei im Monolog über eine tiefe Wahrheit, die wir alle hören sollten.

»Fahr' wohl! Ein langes Fahrewohl all meiner Größe!«, beginnt er.

Eines Tages, sagt er, bringen wir »der Hoffnung zarte Knospen« hervor; und am nächsten Tag blühen sie. Aber am dritten Tag kommt ein »tödlicher Frost« und nagt an der Wurzel unserer Größe und wir fallen. Auf dem Höhepunkt seiner Macht, trieb er gleich wilden Knaben, die auf Blasen schwimmen, auf den »Wogen der Ehrsucht« dahin. Aber jetzt ist sein »hochgeschwellter Stolz« unter ihm gebrochen. Einsam und verlassen sagt er:

>»Müd' und im Dienst ergraut, der Willkür hin
>Des wüsten Stroms, der ewig nun mich birgt.
>Ich hass' euch, eitler Pomp und Glanz der Welt:
>Mein Herz erschließt sich neu. O traurig Los
>Des Armen, der an Königs Gunst gebunden!«

Diejenigen, die von dem Lächeln des Fürsten abhängig sind, »fallen wie Luzifer« und haben keine Hoffnung mehr, wenn die Gunst des Herrschers sich gegen sie wendet.

Wolseys Diener Cromwell kommt herein und möchte wissen, wie der ehemalige politische Führer mit dem Verlust seines Ruhmes und dem plötzlichen gesellschaftlichen Untergang umgeht. Wolsey antwortet ihm:

>»Noch nie so wahrhaft glücklich, guter Cromwell.
>Jetzt kenn' ich selber mich, jetzt fühl' ich Frieden
>In mir, hoch über aller ird'schen Würde, –
>Ein klar und rein Gewissen.«

Indem der König ihm seine Macht wegnahm, befreite und heilte er ihn von vielem.

>»Die Last, die Schiffe senkte, – zu viel Ehre.
>Oh, 's ist 'ne Bürde, Cromwell, eine Bürde,
>Zu schwer dem Mann, der auf den Himmel hofft!«[3]

Einige von uns haben schon früh erkannt, welche Risiken sie eingehen, wenn sie ihre Hoffnungen auf materiellen Wohlstand, gesellschaftliche Beziehungen, Ruhm und Glück setzen und haben entschieden, nichts in diese Dinge zu investieren. Entweder konnten wir es durch bestimmte Lebensumstände erst gar nicht oder wir haben ganz bewusst entschieden, dass diese Wunschträume zu riskant sind. Also entschieden wir uns, ganz zurückgezogen in unsere eigene Welt unserem Leben Glück und Zufriedenheit, Kraft und Sicherheit zu geben. Aber ein Leben, das sich nur auf sich selbst konzentriert, wird ganz gewiss im Abgrund der Einsamkeit enden. Die Mauern, die wir zu unserer Sicherheit bauen, werden uns nur von der Kraftquelle abschirmen, die Gott für uns bereithält.

Der Wunsch nach dem, was wir brauchen

Gute Freundschaften, gefüllte Bankkonten, perfekt finanzierte Rentenpläne, hohes Einkommen, hohe berufliche Position und die »richtigen« gesellschaftlichen Kontakte sind an sich nicht falsch und müssen auch nicht aufgegeben werden, genauso wie gute Gesundheit und Wohlbefinden. Gott »*reicht uns alles reichlich dar zum Genuss*« (1Tim 6,17). Wir machen nur den Fehler, dass wir diese Dinge für Garanten von Glück und Erfüllung, Kraft und Sicherheit halten.

Es geht nicht darum, dass wir unsere ganze Hoffnung auf falsche Dinge gesetzt haben, sondern wir haben unsere Erwartungen auf unbedeutende Dinge gesetzt. Wohlstand und Macht waren nie dazu da, uns so zu dienen, wie wir es gehofft haben, darum warnt uns die Bibel davor, unsere Hoffnung darauf zu setzen (1Tim 6,17).

In der griechischen Mythologie war Tantalus ein König, der den Sterblichen die Geheimnisse der Götter verriet. Zur Strafe musste er in einem Teich stehen, über dem Birnbaumzweige hingen. Jedes Mal, wenn Tantalus trinken wollte, senkte sich der Wasserspiegel. Wenn er eine Frucht pflücken wollte, wichen die Äste zurück. Obwohl alles in greifbarer Nähe schien, so war Tantalus doch zu ewigem Hunger, Durst und unerfülltem Sehnen verdammt. Als »Tantalusqualen« bezeichnet man demnach die Qual, etwas Unerreichbares beständig nahe vor sich zu sehen. Es gibt kaum ein besseres Bild für Verlassenheit. Wenn materieller Wohlstand und gesellschaftliches Ansehen, und nicht die Beziehung zu Gott, uns Glück und Geborgenheit geben sollen, dann werden wir das nie bekommen.

Das sollte uns Sorgen machen.

Wenn wir unsere ganze Kraft, unser Sehnen und Hoffen auf das setzen, was für uns greifbar nahe ist, dann verdrängen wir Gott von seinem rechtmäßigen Platz in unserem Leben. Wir wurden für Gott geschaffen. Nur er kann die Leere in unseren Seelen füllen. Sein Wesen, seine Fürsorge, seine Macht und seine Weisheit sind die einzigen Dinge, die unserem Leben Kraft und Stärke, wahres Glück und Sicherheit geben.

Gott steht in keinem Wettbewerb und er teilt auch mit niemand und nichts seinen Platz. Entweder setzen wir unsere Hoffnung ganz auf ihn allein, indem wir eine innige Beziehung zu ihm pflegen und uns vollkommen auf ihn verlassen, oder wir bauen unser Leben auf der Illusion auf, dass weltliche Dinge alles sind, was wir wirklich brauchen.

KAPITEL 4
ES GESCHAH IM GARTEN EDEN
Die Geschichte der Verlassenheit

*»Und sie hörten die Stimme Gottes, des HERRN,
der im Garten wandelte bei der Kühle des Tages.
Da versteckten sich der Mensch und seine Frau vor
dem Angesicht Gottes, des HERRN, mitten
zwischen den Bäumen des Gartens.«*
1. Mose 3,8

VERTRAUEN

Von allen aufreibenden Phasen, die man als Eltern erlebt, ist wohl jene die schwierigste, wenn Kinder bei jeder Unterhaltung das W-Wort einwerfen.

»Warum bellen Hunde?«

»Warum ist der Himmel blau?«

»Warum hat unsere Katze Schnurrhaare?«

»Warum schnarcht Opa?«

Und da wir gewöhnlich nicht wissen, warum, reagieren wir mit einem »Einfach weil ...«.

Meine Frau Martie und ich sind ja strahlende Großeltern und wir machen uns auf immer neue »Warum-Spiele« gefasst.

In diesem Kapitel jedoch ist die Frage »Warum?« wichtig. Warum müssen wir uns mit dem Verlassensein herumquälen? Wie kommt es, dass wir von dieser innigen Beziehung zu Jesus abrücken, der Verlassenheit entgegen, jetzt da unsere Erlösung so nah ist? Es ist schwer vorstellbar, dass man überhaupt von einer innigen Vertrautheit in eine derartige Verlassenheit geraten kann.

Ist das Leben nur ein hohler, gemeiner Scherz, in dem wir nichts erreichen, uns nichts verdienen können? Sind Hoffnungslosigkeit und Leere wesentliche Bestandteile des von der Schöpfung vorgesehenen Lebenszwecks? Ist dieses losgelöste, schutzlose Leben das Beste, was es gibt?

Glücklicherweise ist die Antwort darauf nein. Es gibt einen Zufluchtsort, der uns Frieden, Halt und Geborgenheit in jeder Lebenslage sichert. Wir müssen einfach nur Verbindung mit diesem Zufluchtsort aufnehmen und mit ihm verbunden bleiben.

Der Anfang

Die Bedeutung der Frage nach dem Warum wird klar, wenn wir verstehen, dass das Verlassensein, das der verlorene Sohn erfahren hat – und das auch wir erleben –, eine Geschichte hat, die im Garten Eden ihren Anfang nahm. Dort erfreuten sich Adam und Eva einer Beziehung, die mit der Fülle Gottes fest verbunden war. Sie lebten vollkommen zufrieden und umsorgt. Sie waren geborgen. Nie waren sie nur auf sich selbst gestellt. Alles, was sie brauchten und noch darüber hinaus, hatten sie in Gott, in ihrem Partner und in der göttlichen Ordnung, die sie umgab.

Aber dann geschah etwas Verhängnisvolles. Das, was sie erfüllt und versorgt hatte, ohne dass sie jemals Enttäuschungen oder Verzweiflung hatten erleiden müssen, wurde ihnen entzogen – und zwar durch eine Verletzung, die sie selbst verschuldet hatten: durch die eigene Erhöhung, die Verherrlichung ihrer selbst. Ihre Verzweiflung danach rührte von einem plötzlichen Gefühl des Verlusts und des Verlassenseins her, das in scharfem Kontrast zu der besonderen Vollkommenheit und innigen Vertrautheit stand, der sie sich bis zu diesem Zeitpunkt ungehindert hatten erfreuen können. Seit jenem Tag war das Leben nicht mehr dasselbe. Das verhängnisvolle Ereignis im Garten Eden stürzte die ganze Welt mitsamt den nachfolgenden Generationen in einen Zustand der Entfremdung und der Einsamkeit. Die Verlassenheit herrscht seit jenem Tag und bestimmt den Lauf der Geschichte.

Gehen wir zurück und fangen wir am Anfang an.

Es gibt einen Grund dafür, dass wir uns nach Frieden und Halt sehnen. Unser Verlangen nach diesen Grundlagen eines ruhigen und wohlgeordneten Lebens ist begründet in der Art und Weise wie Gott uns geschaffen hat. Der Drang, diese Grundlagen zu suchen und festzuhalten, ist tief in unserer Wesensart verankert. Wollten wir uns darüber hinwegsetzen, wäre keiner von uns stoisch oder zynisch genug, um mit dem Verlust glücklich zu leben. Kein noch so großes Schutzschild um uns herum könnte den Drang bezwingen, der uns nach Erfüllung und Halt verlangen lässt.

Bevor wir die Verbindung wiederherstellen können, müssen wir zuerst verstehen, wie es im Garten Eden war.

Am Anfang hatte Gott einen Plan für sich und die Menschen. Er wollte für jeden einzelnen Menschen einen Platz gestalten, und er plante, wie sich alles zum größtmöglichen Nutzen und Vorteil der Menschen entwickeln würde. Es begann mit seinem Wunsch, die Menschen zu erschaffen, ihm selbst zum Ruhm und zur Freude. Nachdem er eine vortreffliche und im höchsten Maße vollkommene Umgebung gestaltet hatte, erschuf er als krönenden Abschluss Adam und Eva. Und beide formte er, was er zuvor noch nicht getan hatte, *nach seinem Bild* (1Mo 1,27).

Das ist ein entscheidender Punkt, wenn wir unser Ringen um den Weg zurück zu Gottes Nähe verstehen wollen. Nach seinem Ebenbild geschaffen zu sein, bedeutet nicht, auszusehen wie Gott. Es bedeutet vielmehr, wir sind so geschaffen, dass wir zu ihm passen. Diese Entsprechung macht es uns möglich, eine Verbindung mit ihm einzugehen, mit ihm und seinen Quellen der Erfüllung und Geborgenheit. Sie gibt uns die Möglichkeit, unsere gottgegebene Bestimmung zu erfüllen, ihn widerzuspiegeln, damit er durch uns verherrlicht wird.

Wie ermöglicht es uns die Tatsache, dass wir nach Gottes Ebenbild geschaffen sind, mit ihm eine Verbindung einzugehen?

Gott ist ein Gott mit Emotionen, und wir Menschen sind mit

Emotionen ausgestattet. Gott ist ein Gott mit einem Willen, und wir sind erschaffen mit einem Willen. Gott ist ein Gott mit einer Persönlichkeit, und er hat uns individuelle Persönlichkeiten gegeben. Gott ist ein Gott, der intelligent ist, und er hat uns mit der Anlage für Intelligenz erschaffen. Er ist kreativ und wir spiegeln dies mit unserer Kreativität wider. Er ist ein Geistwesen und wir sind als geistige Wesen gemacht. Gott hat all dies vollbracht, damit wir die Möglichkeit haben, mit ihm – auf allen Ebenen – in Verbindung zu treten.

Innige Verbundenheit bedeutet, dass seine Gefühle zu meinen Gefühlen werden, so dass ich liebe, was er liebt, und hasse, was er hasst; dass ich Freude habe an dem, was ihn erfreut. Es bedeutet, dass sein Wille zu meinem Willen wird, dass seine Persönlichkeit und sein Charakter meine Persönlichkeit und meinen Charakter formen. Dass seine Gedanken auch meine Gedanken erfüllen.

Wir sind für ihn geschaffen, und dieses Zueinanderpassen macht Verbundenheit möglich.

Das stellt auch sicher, dass er in seiner Fülle in uns strömen und unser Leben erfüllen kann. Indem er uns für sich selbst schuf, sagt er damit in gewisser Weise, dass er auch für uns da ist. Da wir für ihn passend sind, ist er passend für uns. In unserem tiefsten Inneren, wo uns niemand stören oder beeinflussen kann, können wir verbunden sein mit all dem, was er ist. Er passt in alle Ecken, Ritzen und Spalten unserer Seele. Und alles, was er uns gibt, dürfen wir mit Freuden entgegennehmen. Indem er uns nach seinem Ebenbild geschaffen hat, haben wir die Zusicherung, die erfüllende Wahrhaftigkeit seiner Liebe zu erfahren, seiner Gnade, seiner Gegenwart und Macht, seines Schutzes, seiner Gerechtigkeit und seines Trostes. Wir dürfen seine Weisheit ganz in Anspruch nehmen und glücklich sein darüber, wer er ist und was er für uns persönlich bedeutet.

Wenn wir uns in zunehmendem Maße ihm überantworten, erleben wir eine wachsende, tiefgreifende, seelische Befriedigung in der Erfüllung und Geborgenheit, die uns kraftspendende Erfahrungen mit ihm verleihen. Suchten wir eine solch tiefe, innige und dauernde Befriedigung irgendwo anders, wir würden zwangsläufig enttäuscht werden. Wir sind für ihn geschaffen und unser Leben wird immer dann in Bestform sein, wenn wir diese Wahrheit in unserem Leben beherzigen.

Am Anfang fanden Adam und Eva Bestimmung, Werte und Wohlergehen in ihrer unverfälschten Verbundenheit mit Gottes Fülle. Sie waren ganz und gar zufrieden und umsorgt. Sie fühlten sich sicher und nie alleingelassen. Es war ihnen alles geschenkt, was sie brauchten, und noch mehr, durch Gott und die göttliche Ordnung, die sie umgab.

Was ihnen gegeben worden war, sagt etwas darüber aus, was Gott mit uns vorhat, wenn wir in ihm und durch ihn Zufriedenheit und Erfüllung erfahren.

Zuverlässige Beziehungen

Nach jedem Schöpfungsakt trat Gott einen Schritt zurück und befand, dass *»es gut war«* (1Mo 1,10.12.18.21.25.31). Zweifellos sangen die Engel jedes Mal tausend Hallelujah, um zu bestätigen, wie beeindruckt sie waren. Als er aber Adam anschaute, den einzigen lebendigen Teil der Schöpfung, der ohne ein anderes gleichartiges Wesen dastand, kam Gott zu dem Schluss: *»Es ist nicht gut, dass der Mensch allein sei«* (2,18). Wenngleich Adam eine uneingeschränkte Beziehung zu Gottes Fülle hatte, so war er auf eine andere Art nicht vollständig ohne die verlässliche Beziehung zu einem anderen menschlichen Wesen. Es war nicht Gottes Absicht, dass Adam als Mensch allein sein sollte, auch wenn er in geistlicher Hinsicht erfüllt war. So schuf Gott eine zusätzliche Quelle der Zufriedenheit und Gemeinschaft, durch die er Adam Glück und Erfüllung schenken konnte – jemanden aus Fleisch und Blut.

Ich habe mir oft gewünscht, mit einer Zeitmaschine in die Vergangenheit zu reisen und hinter einem Gebüsch versteckt Gott dabei zu beobachten, wie er Adam in Schlaf versetzte und Eva aus seiner Seite erschuf. Man stelle sich Adams ersten erschöpften Blick nach seiner Genesung vor. Ich bezweifle, ob es je einen aufregenderen Augenblick in der Menschheitsgeschichte gegeben hat als den, da Adam den ersten Blick auf Eva warf. Sie war wie Adam gemacht und doch auf wunderbare Weise verschieden. Beide hatten die gottgegebene Fertigkeit, miteinander zu kommunizieren und ein gemeinsames Leben auf gleicher Wellenlänge zu führen. Dank der Übereinstimmung ihrer Art konnten sie den Herausforderungen des Lebens begegnen, und das sollte sie in allen Lebensbereichen innig miteinander verbinden. Zusammen gaben sie einander Erfüllung und Halt, nicht nur in ihrer eigenen Beziehung, sondern auch in der beiderseitigen Verbundenheit mit ihrem Gott.

Freude am Besitz

Die göttliche Ordnung um sie herum sollte eine zusätzliche Quelle der Kraft und Erfüllung sein. Gott hatte den Garten Eden als einen Platz vorgesehen, den sie mit Freuden zu seiner Ehre bewahren und kultivieren sollten (1Mo 1,26-31). Es sollte ein Platz sein, an dem Adam und Eva ihre unbeirrbare Hingabe an Gott zeigen konnten, in dem sie diesen Garten instand hielten und Gottes Anweisungen für das

Leben innerhalb der Grenzen des Gartens gehorchten. Für sich allein würde der Garten niemals zu Freude und Erfüllung führen. Nur in Verbindung mit der göttlichen und der gegenseitigen, partnerschaftlichen Verbundenheit hätte die materielle Ordnung Wert und Bedeutung.

Das ist also das Leben, wie es vorbestimmt war. Ein unbegrenztes Vertrauen und die Zuversicht auf einen allmächtigen Gott, die Freude an einer innigen Verbundenheit in einer vertrauensvollen, menschlichen Beziehung und der Genuss einer üppig ausgestatteten Umgebung zur Versorgung der Menschen – dies alles in Verbindung mit einer freudigen und gehorsamen Gemeinschaft mit dem Gott, der alles erschaffen und gegeben hatte.

Gott hat mich reichlich gesegnet. Ich habe das Privileg, mit vielen guten und interessanten Menschen bekannt und verbunden zu sein. Ich bin viel in der Welt herumgekommen und habe das Leben in seinen Weiten und Tiefen erfahren. Ich bin mit vielen Annehmlichkeiten gesegnet worden und habe – wie so viele – materielle Güter erworben, die Spaß und eine flüchtige Erfüllung bieten. Und wenn es auch Unebenheiten auf der Straße des Lebens gegeben hat, so kann ich mich doch nicht beklagen.

In meinem tiefsten Inneren aber weiß ich: Hätte ich nur die materiellen Dinge und meine Erfahrungen gehabt, dann wäre mein Leben schal gewesen im Vergleich zu dem Glück und der kraftspendenden Freude, die ich in der vertrauten Hingabe an Gott gefunden habe und in den zuverlässigen Beziehungen, mit denen er mich beschenkt hat. Und wenngleich diese tieferen, erfüllenden Bestandteile auch manchmal ins Wanken geraten sind durch die Belastungen in Alltag und Beruf – so fühle ich mich doch niemals mehr zufrieden und gestärkt, als wenn mir meine Gemeinschaft mit Gott und den Menschen, die ich liebe, Schwung gibt.

Es ist tatsächlich so, dass all die schönen Dinge der irdischen Welt eine tiefere Dimension erhalten, wenn wir eine enge Beziehung zu Gott und zu anderen Menschen erleben dürfen. Unser Besitz und unsere Erfahrungen bescheren uns in regelmäßigen Abständen kleine Höhepunkte – »Sahnehäubchen«. Wenn mir die Süße dieser Sahnehäubchen aber vielleicht nicht ganz zusagt, dann bleibt mir die wahre Nahrung meines Lebens erhalten und unangetastet.

Der bedeutendste Tag im Büro, der aufregendste Abend im Baseballstadion, das beste Essen seit langem oder jener bedeutungsvolle Kuss sind stärkere und reichere Erfahrungen, weil meine Beziehung zu Gott und zu den wenigen, die mir nahe stehen, die wirklich maßgeblichen Dinge in meinem Leben sind.

Wenn bei meiner Arbeit im Büro alles schief läuft und einfach nichts klappt – wie beunruhigend diese Umstände auch sein mögen, mit Gott und meiner Frau Martie als meinen innigsten und zuverlässigsten Freuden sind diese Tage im Büro lange nicht so verheerend. Ohnehin suche ich in diesen Dingen nicht Halt und Erfüllung.

Und wenn in einer vertrauten Beziehung etwas schief läuft, dann habe ich immer noch die Beständigkeit und die nie versiegende Quelle der Kraft in meinem Gott, um es durchzustehen. Selbst wenn ich mich wirklich allein *fühle* und mich in den Schlaf weine, bin ich nicht allein.

Die Worte von Peter Kreeft klingen in meinem Herzen nach:

»Das reinste Gold dieser Welt ist ohne Jesus Christus nur Plunder. Aber mit Christus verwandelt sich das unedelste Metall in pures Gold ... Mit ihm ist Armut Wohlstand, ist Schwachheit Energie, Leiden ist Freude, und verschmäht zu sein ist Ruhm. Ohne ihn sind Reichtümer

Armut, Macht ist Ohnmacht, Fröhlichkeit ist Trübsal, und Ruhm ist Erniedrigung.«[1]

Dies war Gottes Plan am Anfang. Wir wurden für ihn erschaffen. Und er hatte nicht nur seine Freude an uns, es gefiel ihm auch, uns mit seinem göttlichen Wesen zu umsorgen und uns Rückhalt zu geben, indem er uns an seinem einzigartigen Reichtum teilhaben lässt. Und da er der Allmächtige ist, hat er bestimmt, uns seine Fürsorge zukommen zu lassen, indem er uns mit verlässlichen Bindungen zu anderen Menschen und mit materiellen Dingen beschenkt.

Dieser ganze Plan folgt einem unabänderlichen zeitlichen Ablauf. Am Beginn steht Gott als der über allem stehende, allgegenwärtige, belebende Mittelpunkt. Unsere Beziehungen zueinander sollen wir im Angesicht seiner Gegenwart und Führung erleben. Und mit Hilfe der Welt um uns herum kann er uns mit allem, was wir brauchen, versorgen. Im Gegenzug nutzen wir unser Leben und seine Gaben, um ihm in Dankbarkeit und Gehorsam zu dienen, ihn anzubeten und zu verherrlichen.

So war es im Garten Eden.

Das Leben war gut.

Das Leben war erfüllend.

Adam und Eva waren gut versorgt.

Sie fühlten sich nie alleingelassen.

Niemals.

Aber dann geschah etwas. Es geschah etwas ganz Schreckliches. Etwas Tiefgreifendes, das weitreichenden Schaden anrichtete. Was da in Eden passierte, berührt uns bis heute tief in unserer Seele. Es ist ein Ereignis, das keiner von uns ganz überwunden hat. Und es erklärt, warum wir von dem Gefühl der Verlassenheit heimgesucht werden.

Einsam und Verlassen: die Geschichte

In 1. Mose 3 erscheint der Widersacher, um einen vernichtenden Schlag gegen das paradiesische Leben in dieser grenzenlos friedlichen und umsorgten Geborgenheit auszuführen. Tatsächlich enthüllt die Geschichte des Widersachers, dass er selbst auf besondere Art und Weise eine intensive Verlassenheit erfahren hatte, war er doch aus der Gegenwart Gottes verbannt worden (Jes 14,12-15). Wäre es möglich, dass Satan nun in Gottes perfekt gestaltete Ordnung eindringt, um dem Menschen das gleiche Leid aufzubürden, das ihn selbst plagte? Wenn das sein Ziel war, dann war er überaus erfolgreich.

Satan sagte zu Eva: *»Hat Gott wirklich gesagt: Von allen Bäumen des Gartens dürft ihr nicht essen?«* (1Mo 3,1). Tatsächlich hatte Gott zu Adam und Eva gesagt, sie könnten von *allen* Bäumen essen, außer *einem*. Jetzt aber hat dieser Verstoßene die Frage auf eine Art formuliert, die bei Eva den Eindruck erwecken sollte, Gott wolle sie einschränken und unterdrücken.

Diese raffinierte Täuschung war dummes Geschwätz. Dieses Gerede begann nun aber einen Keil zwischen Eva und ihre bedingungslose Verbundenheit mit Gott zu treiben. Indem Satan Eva dazu brachte, an Gottes Güte zu zweifeln, öffnete er einem weiteren trennenden Gedanken die Tür – der Schlussfolgerung, dass das Leben gehaltvoller, befriedigender und reicher wäre, wenn sie nur den uneingeschränkten Zugriff auf ihr Umfeld hätte, selbst wenn dies eine Loslösung von Gott bedeuten würde. Gott mitsamt allem, was ihr innerhalb des Gartens rechtmäßig zur Verfügung stand, war nicht mehr genug. Schließlich, so suggerierte Satan ihr, sei Gott derjenige, der sie zurückhalten wolle. Sie könne gewiss vollkommenes Glück und Halt in diesen Dingen um sie herum finden.

Man muss festhalten, dass Eva Gott nicht rundweg abgelehnt hat. Sie war nur einfach zu der Überzeugung gelangt, *dass er ihr nicht genügte*. Das schreckliche Unglück, das da bevorstand, war begründet in dem Glauben, dass sie in sich selbst und der materiellen Welt um sie herum mehr Erfüllung finden könne als in Gott. Gott war ihr nicht genug – Adam ebenfalls nicht. Das Wichtigste im Leben war sie selbst, und die Welt um sie herum. Wie der Text sagt: *»Und die Frau sah, dass der Baum gut zur Speise war* (Versorgung)*, und dass er eine Lust für die Augen war* (Befriedigung)*, und dass der Baum begehrenswert war, Einsicht zu geben* (Sicherheit)*, und sie nahm von seiner Frucht und aß«* (1Mo 3,6).

Gott hatte ihr schon alles gegeben, was sie jemals an Versorgung, Befriedigung und Sicherheit brauchen würde, aber sie gab es weg für etwas, von dem sie glaubte, es sei *mehr*.

Bei ihrem kurzsichtigen Tausch verhielt sich Eva etwa wie der Hund in der Fabel, der mit einem saftigen Stück Fleisch im Maul über eine Brücke lief. Dort schaute er ins Wasser und sah sein eigenes Spiegelbild. Da er dachte, dies sei ein anderer Hund mit einem noch größeren Happen, riss er sein Maul auf, um danach zu schnappen – und verlor alles.

Klar sehen

Dieser frühe Moment in der Geschichte entlarvte die Strategie des gepeinigten Widersachers, der uns an seinem eigenen Elend beteiligen will. Seine Strategie war es, Eva – und dann auch Adam – zu verleiten, ihm zwei Lügen zu glauben:

- Gott sei nicht großzügig und gut, sondern er unterdrücke und schränke ein;

- man könne das Leben am besten und intensivsten genießen, wenn das eigene Ich im Zentrum stehe und Erfüllung im Materiellen finde ohne Rücksicht auf Gottes Rat und Gebot;

Diese verzerrten Vorstellungen brachten die Verlassenheit in unsere Welt. Sie legten das Fundament für das Gefühl des Verlassenseins, das uns bis heute heimsucht.

Eva wollte eigenständig sein. Sie wollte in Ruhe gelassen werden, um ihren eigenen Weg zu gehen.

Nun bekam sie ihren Willen – sie war allein.

So verlassen wie noch nie zuvor.

Der erste Hinweis darauf, dass sie den Segen der Zufriedenheit und der innigen Verbundenheit verloren hatte, zeigte sich, als sie sich umwandte, um Adam die verbotene Frucht zu geben. Wenn dieser Zustand ihnen jetzt wirklich die Quelle von Erfüllung und Versorgung gewesen wäre, wie Satan behauptet hatte, dann hätte sie sowohl Gott als auch Adam Lebewohl gesagt. Tatsächlich aber ist es ein Hinweis auf die Tiefe der Verbundenheit zwischen Adam und Eva im Garten Eden, dass Adam die Frucht nahm und aß. Er befürchtete, Eva sonst womöglich zu verlieren, und alles wäre wieder gewesen wie vorher, bevor sie ihm gegeben worden war.

Und da war nun der zweite Schlag. Adam war willens, seine Beziehung zu Gott aufs Spiel zu setzen, um seine erfüllende und zuverlässige Partnerschaft mit Eva zu erhalten. Da er nun aber die Notwendigkeit erkannte, sich zu verteidigen, schob er seiner Partnerin die Schuld zu, um sich selbst zu schützen. Als Gott ihn zur Rede stellte, sagte der feige Adam: »*Die **Frau**, die du mir zur Seite gegeben hast, sie gab mir von dem Baum, und ich aß*« (3,12, fett hinzugefügt). So viel zum Fundament einer verlässlichen Beziehung.

In einem kurzen Augenblick der Loslösung von Gott, waren die Loyalität ihm gegenüber und das Vertrauen, das

Adam mit Eva verband, verschwunden. Nur das eigene Ich zählte in der neuen Ordnung. Adam und Eva waren ihrem Gott gegenüber weder demütig noch aufrichtig, und in ihrer eigenen Partnerschaft war keine verpflichtende Hingabe mehr vorhanden. Ja, nicht einmal das Bündnis, das Eva mit dem Feind geschlossen hatte, war noch etwas wert, als sie die Schuld auf die Schlange schob (3,13). Und sehr zu ihrem Missfallen entdeckten der Mann und die Frau nun, dass die Welt um sie herum zum Ghetto wurde. Von den paradiesischen Freuden verbannt, mussten sie fortan in einer verfluchten Schöpfung leben.

Während Eva durch die Verlockungen der sie umgebenden Schöpfung nun die Verlassenheit erlebte, war Adam Opfer einer Selbsttäuschung geworden: Eine innige Beziehung zu Menschen, so glaubte er, sei von höherem Wert als die innige Verbundenheit mit Gott. Adam sollte der Erste in einer langen Reihe von Menschen sein, die immer wieder willens sein würden, die Treue gegenüber Gott zu verraten, um ein Gefühl von Verbundenheit mit einem Menschen zu erlangen oder zu bewahren – einem Menschen, der nun zur wichtigsten Quelle von Erfüllung und Geborgenheit werden sollte.

Aber statt Erfüllung überkam Adam und Eva ein Gefühl von Isolation und Scham. Sie waren jetzt fern von Eden und fühlten deutlich, was sie verloren hatten.

Das Ausmaß des Verlusts

Es war Adam und Eva nicht möglich, ihr Leben zu verbessern, stattdessen ließ die Trennung von Gott sie entrechtet und verlassen zurück. Sie hatten die fünf Merkmale eines reichen Lebens, wie sie es in Gottes Nähe geführt hatten, verspielt:

- Gott selbst als persönlichen Freund, Versorger und denjenigen, der Erfüllung schenkt;
- die moralische Führung, die Gott bietet, indem er lenkt und Grenzen aufzeigt, vor Gefahren schützt und uns versorgt;
- die zuverlässige Gemeinschaft mit anderen Menschen, durch die Gott uns an seinem Frieden und Halt teilhaben lässt;
- die unverdorbene Freude an den Gütern dieser Welt, die Zeichen von Gottes Fürsorge, nicht aber Ersatz für Gott selbst ist;
- Hoffnung und Vertrauen auf eine helle und sichere Zukunft.

Der Bruch mit Gottes inniger Vertrautheit verursachte ein starkes Gefühl von Isolation in ihren Seelen.

- Das eigene Ich sollte nun die Quelle der Zufriedenheit sein.
- Die persönliche Souveränität verdrängte den Gehorsam gegenüber den Regeln und Geboten, die Gott den Menschen gegeben hatte, damit sie ihr Leben in Sicherheit und Wohlstand verbringen konnten.
- Argwohn und Zynismus, begründet in einem Mangel an Vertrauen zu anderen, wurden zur Norm.
- Die Aufmerksamkeit und Streben des Menschen konzentrierte sich jetzt auf die materielle Welt.
- Angst, Hoffnungslosigkeit, Pessimismus und schließlich Verzweiflung machten sich breit, da das Getrenntsein von Gott eine zunehmende Verlassenheit bewirkte.

Das ganze Leben musste nun mit diesen Folgen bewältigt werden, und alle, die es auf eigene Faust versuchten, erfuhren schließlich die Pein und Verzweiflung, die Satan auch fühlte.

Die Welt ist seither immer dichter besiedelt worden, die

Menschen sind kulturell höherentwickelt, gebildeter und besser informiert und wir schwimmen regelrecht im Überfluss. Aber mit diesen neuen Lebensregeln anstelle der alten sind wir alle in zunehmendem Maße einsamer und verlassener geworden.

Ohne Zweifel fühlte der Widersacher eine teuflische Freude, als er Adam und Eva damals verließ. Er wusste, dass der Garten ohne Gott sie nicht glücklich und zufrieden machen konnte. Er wusste auch, dass sie ohne Gott nicht mehr füreinander die Erfüllung sein konnten und dass er selbst ihnen nie Erfüllung und Halt geben würde – es gar nicht *könnte*. So ließ er sie denn allein.

Die Schranke zwischen Adam, Eva und Gott war riesengroß. Als Adam und Eva »*die Stimme Gottes, des Herrn, der im Garten wandelte bei der Kühle des Tages*« hörten (1Mo 3,8), da versteckten sie sich. Anstatt um Vergebung und Wiederaufnahme zu bitten, versuchten sie durch eigene Anstrengungen zu retten, was sie verloren hatten, und bedeckten sich mit Feigenblättern. Sie lebten nun in Schande und kannten die Qualen der Entfremdung vom wichtigsten Wesen in ihrem Leben.

Doch inmitten dieses Verlusts und dem aufkommenden Gefühl der Verlassenheit geschah etwas Bemerkenswertes: Gott ergriff die Initiative und ging zurück in den Garten. Wenn wir die Geschichte nicht kennen würden und uns vorstellen wollten, was als Nächstes passieren könnte, so fielen uns unzählige Möglichkeiten für Gottes Verhalten ein. Er hätte alles zunichte machen können, um noch einmal von vorne anzufangen. Er hätte Adam und Eva ignorieren und sie die Konsequenzen ihres Verhaltens tragen lassen und somit den Verfall ihres neuen Lebensentwurfs zulassen können. Oder er hätte etwas ganz Unerwartetes tun können: Er hätte die Beziehung, die sie so leichtfertig aufgegeben hatten, wiederherstellen können. Er hätte die beiden zu sich zurück und zu einer festen moralischen Ordnung rufen können, um aufs Neue die innige Nähe und die Entwicklung treuer Beziehungen zu ermöglichen.

Und genau das tat er. Das ist umso überraschender, wenn wir uns vergegenwärtigen, dass Gott ja das einzige Wesen im Universum ist, das niemanden braucht und dennoch erfüllt und vollkommen zufrieden ist. Es mag uns wie ein Schlag vorkommen, dass Gott uns nicht braucht! Aber das Wunderbare ist, dass er sich dennoch entschieden hat, uns zu lieben und uns beizustehen, obgleich er bis in alle Ewigkeit ohne uns auskäme. Und dies macht uns seine Liebe und Sorge um uns noch wertvoller. Er liebt uns nicht, weil er etwas davon hätte. Durch eine Liebe dieser Art sind schon zu viele von uns verletzt worden. Er liebt uns, weil er selbst Liebe ist und weil er uns um der Freude an unserer Gemeinschaft willen und zur Verherrlichung seines Namens erschaffen hat. Solcher Art war die Liebe und Barmherzigkeit, die ihn dazu brachte, sich um das Bündnis mit Adam und Eva zu bemühen und es wiederherzustellen.

Auch heute bietet er uns diese Gemeinschaft an.

Er ist getrieben von dem göttlichen Wunsch, den Bund mit denen zu suchen, die den leeren Versprechungen des Widersachers verfallen sind. Das war auch die Bestimmung des Kreuzes. Denn das Kreuz wird mit der Sünde, die uns getrennt hat, fertig. Wenn wir glauben und den Retter reumütig annehmen, dann werden wir wieder heil – nicht durch unsere Verdienste, sondern durch seine unvergleichliche Gnade (Eph 2,8-9). Tatsächlich war es in der Geschichte seit jeher Gottes Plan, dies zustande zu bringen. Die Heilige Schrift beschreibt genau deren Verlauf. Sie beginnt bei der innigen Verbundenheit, als Gott all jene, die er erschaffen hatte, erfüllte und versorgte. Wie wir sehen werden, schließt die Heilige Schrift mit der ewig währenden Wiederherstellung der innigen Gemeinschaft mit all jenen, die Gott um sich versammelt hat – dann aber wird der Widersacher für alle Zeiten verbannt sein. Wir werden uns nie wieder davor fürchten müssen, von Gott getrennt zu werden.

Aber bis dahin leben wir in ständiger Gefahr, Opfer der oft langsamen und fast unmerklichen Abirrungen von Gott zu werden.

Wie es dem verlorenen Sohn ergangen ist

Wenn wir uns von Gott entfernen, auch wenn es nur im Kleinen ist, dann hängen wir uns für gewöhnlich an andere Dinge. Der verlorene Sohn trennte sich von seinem Vater wegen der Verlockungen des fernen Landes und daraufhin begegnete ihm persönliches Unheil. Es wird berichtet: *»Und er ging hin und hängte sich an einen der Bürger jenes Landes«* (Lk 15,15). Er hatte sich einer guten, verlässlichen Beziehung zu seinem Vater erfreut. Er hatte auch das sorglose, aufregende Leben in der Fremde genossen, solange es mit seinem Anteil an Vaters Vermögen finanziert werden konnte. Aber nun lernte er harte Arbeit, Knechtschaft und Sklaverei kennen.

Wir finden uns womöglich in einer ähnlichen Situation wieder, wenn wir nicht lernen, die Symptome der Verlassenheit in einem frühen Stadium zu erkennen. Und noch wichtiger, als die Symptome zu *erkennen*, ist es, etwas zu unternehmen, um sie zu beseitigen und die innige Verbindung mit Gott wieder aufzunehmen. Wie der verlorene Sohn sind wir vielleicht nicht beunruhigt, wenn wir uns in der Fremde wiederfinden – jedenfalls solange wir davon ausgehen, dass wir die Mittel haben, um unsere Bedürfnisse zu stillen. Sich aber in der Fremde wiederzufinden *und* mittellos *und* verlassen zu sein – das ist eine harte, nüchterne Wirklichkeit. Sie bewirkt, dass wir uns nach zu Hause sehnen.

KAPITEL 5
SICH VON GOTT ENTFERNEN
Sechs Schritte, die zur Trennung führen

*»Es ist besser, in einer Sache zu versagen,
die letztendlich erfolgreich ist, als mit etwas
Erfolg zu haben, das am Ende scheitert.«*
Peter Marshall

Obwohl Tom nicht schwimmen kann, verbringt er trotzdem gerne seinen Urlaub am Strand. Kürzlich ließ er sich auf einer Luftmatratze vor der Küste hin und her treiben. Er schloss seine Augen, genoss das Sonnenbad und die sanften Wellen unter seinem Gummifloß. Als er seine Augen öffnete, musste er erschrocken feststellen, dass er sich sehr weit von der Küste entfernt hatte. Als er von der Luftmatratze heruntersprang, um irgendwie wieder an den sicheren Strand zu gelangen, merkte er, dass sein Kopf unter Wasser war.

Panisch krabbelte er schnell wieder auf sein kleines Gummifloß. Die Flut hatte ihn so weit hinausgetrieben, dass niemand mehr seine Handzeichen bemerkte. Keiner war in seiner Nähe. Die Menschen am Strand lärmten und hatten Spaß, und er glaubte, dass niemand seine Hilferufe hören würde (außerdem war ihm diese Zwangslage peinlich). Er entschied sich, durchzuhalten und sich mit jeder Welle Zentimeter für Zentimeter in Richtung Strand zu bewegen. Er brauchte lange und hatte Angst, aber er schaffte es.

Ebenso driften auch wir unmerklich von Gott ab. Auch wir erschrecken, wenn uns bewusst wird, dass wir uns nicht nur entfernt haben, sondern auch kein Land mehr sehen können.

Was bringt uns dazu, uns zu entfernen? Aus dem Leben der ersten Menschen im 1. Buch Mose erkennen wir sechs Merkmale, die dazu führten, sich von Gott zu entfernen. Überprüfen Sie diese Punkte. Lesen Sie sie ein zweites Mal und prüfen Sie, was auf Sie zutrifft.

1. Zweifel an Gottes gutem Wesen und guten Absichten

Als Satan die innige Gemeinschaft Evas mit Gott zerstören wollte, versuchte er nicht, die Existenz Gottes zu leugnen. Das hätte nicht funktioniert, denn Evas Kontakt zu Gott war sehr eng gewesen. Stattdessen versuchte es Satan dort, wo er es immer macht – er trieb einen Keil zwischen Eva und Gott, indem er ihr Vertrauen und ihre Liebe zu Gott erschütterte. Sie wäre nicht auf den Trick mit der Frucht hereingefallen, wenn Satan in Eva nicht die Zweifel an Gottes Güte und seinen besten Absichten mit ihr geweckt hätte, als Gott ihr verbot, vom Baum der Erkenntnis des Guten und Bösen zu essen.

Satan zerstört unser Vertrauen zu Gott, indem er uns dazu bringt, dass wir Gott und seinem Wort nicht glauben, und das, was wir mit ihm erleben, falsch deuten. Als Eva sich dazu verführen ließ, auf ihren eigenen vermeintlichen Vorteil zu achten, und sie sich von Gott abwendete, blieb Gott der Gleiche. Eva jedoch legte jetzt die Bedingungen, unter denen sie vorher gelebt hatte und denen sie sich gerne untergeordnet hatte, anders aus. Der großzügige Gott, der ihr und Adam alles außer einem Baum im Garten gegeben hatte, kam ihr jetzt geizig vor. Er schien sie einzuschränken und von etwas abzuhalten, das ihr Glück und Erfüllung geben könnte. Schlimmer noch, Satan redete ihr ein, dass Gott aus selbstsüchtigen Gründen sie davon anhalten wollte, an seinem Wissen und seiner Macht teilzuhaben.

Sobald wir anfangen, Gott zu verdächtigen, anstatt ihn zu respektieren und zu ehren, haben wir begonnen, uns von ihm zu entfernen. Es gibt im Leben viele Gelegenheiten, wo Satan unsere Zuneigung zu Gott zerstören kann, in dem er uns Lügen auftischt und immer wieder täuscht. Wir dürfen nicht vergessen, dass er der teuflische Tatsachenverdreher ist – und wie Jesus sagte – der Vater der Lüge (Joh 8,44). Machen Sie nicht den Fehler ...

- Gott für alles Böse anzuklagen, das Satan in unser Leben gebracht und zu dem er uns verführt hat;
- Gott für einen Gott zu halten, der es mit anderen gut meint, uns jedoch Einfluss, Glück und Wohlstand vorenthält, um dann daraus zu folgern, dass Gott uns schlecht behandelt;
- zu denken, dass wir ganz gut gewesen sind und Gott uns gebraucht, ohne uns zu belohnen. Unsere Rechtschaffenheit ist somit ein sinnloses Opfer.
- blind dafür zu sein, dass Gott aus allem Schlechten, was uns in unserem Leben widerfährt, etwas Gutes machen kann, das zu unserem Besten dient;
- davon überzeugt zu sein, dass Gottes Wege und sein Wille uns ungewöhnlich stark einschränken und unterdrücken.

Im Verlauf der Geschichte gab es kaum Momente, die diesen Konflikt zwischen unserer Erfahrung und unserem Gottesbild besser veranschaulicht haben wie das Gespräch zwischen Hiob und seiner Frau. Beide hatten guten Grund, das Leben aus der Sicht Satans zu sehen. Hiobs Kinder waren tot, er hatte alles verloren und war todkrank. Seine Frau, deren Herz sich durch die gemeinsam mit Hiob erlebte Tragödie gegen Gott gewendet hatte, gab ihm den Rat: *»Fluche Gott und stirb!«* (Hi 2,9). Welche Gesinnung hatte Hiob? *»Er wird mich töten, ich will auf ihn warten«* (Hi 13,15). Die gleichen Umstände. Zwei verschiedene Denkmuster. Hiob hatte mit Gott innige Gemeinschaft, die durch keinen noch so schweren Schicksalsschlag zerstört werden konnte. Je härter das Leben wurde, desto mehr brauchte er Gott. Oder wie Peter Kreeft betont: »Mit Gott hat Hiob alles, obwohl er nichts hat«, im Gegensatz zu dem gottlosen Menschen, der »nichts hat, auch wenn er alles besitzt.«[1]

Der Schreiber des 27. Psalms zeigt das gleiche Vertrauen, als er sich inmitten von Kummer und Leid an Gott klammert:

»Wenn sich ein Heer gegen mich lagert, so fürchtet sich mein Herz nicht, wenn sich auch Krieg gegen mich erhebt, trotzdem bin ich vertrauensvoll ...
Denn er wird mich bergen in seiner Hütte am Tag des Unheils, er wird mich verbergen im Versteck seines Zeltes; auf einen Felsen wird er mich heben« (Verse 3.5).

Wir können uns vor der Abkehr von Gott schützen, indem wir uns an einige Grundwahrheiten erinnern:

- Satan ist unser Feind und versucht, uns zu zerstören, indem er uns von der Kraftquelle trennt, die unsere einzige Hilfe und Stütze ist (1Petr 5,8).
- Nicht Gott, sondern Satan, der nur das Schlechte für uns will, ist böse (Joh 8,44; 1Petr 5,8).
- Auch wenn Gott vieles in unserem Leben zulässt, kommt das Böse von Satan und somit muss er – und nicht Gott – für alles Schlechte und Böse, das uns widerfährt, angeklagt werden (Hi 1).
- Gott lässt in unserem Leben negative Ereignisse geschehen und benutzt sie dann zu gegebener Zeit zu seiner Verherrlichung, um sein Königreich voranzubringen und zu unserem Guten (Röm 8,28).
- Gottes Gesetze und Prinzipien sind gut. Sie sollen uns vor Schaden schützen, uns segnen und Wachstum bringen (Ps 1).
- Das stärkste Zeugnis, das wir der Welt um uns herum geben können, sind Worte und Taten, die zeigen, dass Gott es wert ist, von uns geliebt zu werden und ihm treu zu bleiben. Auch wenn wir durch stürmische Zeiten gehen müssen und es so aussieht, als wären wir nicht so gesegnet wie andere Menschen, ist er treu (Hi 2,10; Apg 5,41; 16,19-25).

Das unerschütterliche Vertrauen in Gott hält uns in seiner Nähe. Niemand anders verdient diese Treue mehr als Gott, der sich so sehr um uns kümmert und alle Dinge vollkommen lenkt.

2. Meinen, dass Gott für ein erfülltes Leben nicht ausreicht

Hier wird nicht die Tatsache geleugnet, dass Gott Dinge dieser Welt benutzt, um unsere Bedürfnisse zu stillen. Wir glauben aber oft, diese nebensächlichen Dinge zu brauchen, auch wenn es bedeutet, dass wir Gott untreu werden, um sie zu bekommen.

Das war auch die Botschaft des Feindes an Eva. »Wenn du weiterhin Gott vollkommen treu ergeben bleibst, dann wird dein Leben unerfüllt bleiben – ja, es wird sogar weniger wert sein. Was Gott erlaubt hat, schränkt nicht nur deine Freiheit ein, sondern ist einfach unzureichend. Dein Leben könnte erfüllter, glücklicher und vollkommener sein, wenn du nicht daran gebunden wärst, ihm und seinen Geboten treu zu bleiben.«

Dieser Gedanke – die Liebe und Treue zu Gott zu missachten – ist eine Versuchung, der wir fast nicht widerstehen können. Satan ist wie ein Auktionator, der uns fesselt und uns suggeriert, alles haben zu können, was er anbietet. Dann hätten wir mehr, als was Gott uns erlaubt hat. Jedes Mal, wenn wir – wie Eva – die Grenze überschreiten und uns nach der verbotenen Frucht ausstrecken, verlieren wir. Wir verlieren die innige Gemeinschaft mit Gott, unseren Seelenfrieden, ein reines Gewissen und das Selbstvertrauen zu wissen, was richtig und falsch ist. Statt Segen erben wir Schuld, Scham und Angst vor der Zukunft.

Satan will diesen Keil in jeden Bereich unseres Lebens treiben, um uns von Gott zu trennen; denn Satan schreckt vor nichts zurück. In unserem Beruf werden wir angestiftet, nicht so ehrlich zu sein, damit wir mehr Gewinn machen. Würden wir Gott für eine Gehaltserhöhung verleugnen? Oder für eine Beförderung? Oder für den Nervenkitzel im Konkurrenzkampf um einen begehrten Vertragsabschluss? Oder damit wir mit der Größe unseres Unternehmens prahlen können? Würden wir Gott von unserem Einkommen weniger als angemessen geben, damit wir mehr für uns haben? Würden wir ihm für das kurze Glücksgefühl und den Adrenalinstoß, den verbotene Vergnügen auslösen, unsere Treue brechen?

Im Hebräerbrief Kapitel 11 lesen wir, dass Mose die Beziehung zu Gott mehr wert war als die eigene Bequemlichkeit, Stellung oder Wohlstand: *»Durch Glauben weigerte sich Mose, als er groß geworden war, ein Sohn der Tochter Pharaos zu heißen, und zog es vor, lieber zusammen mit dem Volk Gottes geplagt zu werden, als den zeitliche Genuss der Sünde zu haben, indem er die Schmach des Christus für größeren Reichtum hielt als die Schätze Ägyptens, denn er schaute auf die Belohnung«* (Hebr 11,24-26). Wir alle müssen irgendwann die *»Schätze Ägyptens«* in unserem Leben erkennen und dann mit dem unübertrefflichen Reichtum der innigen Gemeinschaft mit Christus abwägen.

3. Beziehungen über die Treue zu Gott stellen

Nach einem großen Männerfrühstück in einem Vorort Chicagos kam ein Mann Ende vierzig zu mir und sagte, dass er – aufgrund des Vortrags beim Frühstück – wieder Feuer und Flamme sei, ein Mann nach dem Herzen Gottes zu werden. Er erzählte jedoch auch, dass er seit mehren Jahren eine Affäre habe und er bezweifle, dass er sie jemals beenden wolle.

In unserem Leben gibt es Zeiten, wo wir in Bezug auf Beziehungen wichtige Entscheidungen treffen müssen. Für diesen Mann war die Entscheidung klar. Wenn er mit Gott eine innige und wachsende Beziehung haben wollte, dann müsste er seine Beziehung zu dieser Frau abbrechen.

Auch Adam traf eine klare Entscheidung. Denken Sie mal an diesen schwerwiegenden Moment im Garten, als er – in dem Wissen, dass Eva schon ihre Liebe und Treue Gott gegenüber gebrochen hatte – eine persönliche Entscheidung treffen musste. Zweifellos wurde diese Entscheidung von den gleichen Begierden seiner Seele beeinflusst, die auch Eva dazu gebracht hatten, die Grenze zu überschreiten. *Was entgeht mir alles, wenn ich nicht von dem Baum esse?* Er war neugierig und glaubte, dass es ihm mit Eva tatsächlich besser gehen würde, als nur mit Gott allein im Garten. Aber der entscheidende Faktor war, dass er Eva verlieren würde, wenn er nicht von der Frucht äße. Und dann wäre er wieder allein mit Gott. Daher nahm Adam die Frucht, aß und entschied sich für Eva anstatt für Gott.

Wir alle sind unser ganzes Leben lang den gleichen Spannungen ausgesetzt. Innige und zuverlässige Freundschaften schenken uns Selbstbestätigung, das Gefühl, wertvoll zu sein, Kameradschaft, fröhliche lange gemeinsame Spaziergänge und tiefe Gespräche, die uns zusammenschweißen. Beziehungen geben uns das, wonach wir uns sehnen: ein gewisses Maß an emotionaler, geistlicher, intellektueller und körperlicher Zufriedenheit und Erfüllung, sie schenken uns Halt und Geborgenheit – und zwar in jeder Hinsicht. Der Mensch, mit dem wir uns gut verstehen, ist uns in jeder Hinsicht eine Stütze. Solch eine Kostbarkeit aufzugeben, um eine enge Beziehung zu Gott aufzubauen, ist wie ein Albtraum.

Aber geht es nicht genau darum? Eine tiefe und vertraute Beziehung zu Gott beweist, dass nur er uns Glück und Erfüllung, Sicherheit und Geborgenheit geben kann. Ist unser Vertrauen zu Gott so stark, dass wir nur von ihm die Mittel erwarten, die alle Einsamkeit verjagen? Glauben wir wirklich, dass er für uns sorgen wird: entweder unmittelbar durch die vertraute herzliche Beziehung zu ihm oder durch eine tiefe Beziehung zu einem anderen Menschen. Wenn Gott dem Adam seine Eva als das wunderbarste Geschenk gemacht hatte, könnte er so etwas nicht wieder tun? Und wenn Gott es nicht tun würde, könnte Adam dann Gott trotzdem treu ergeben sein und ihm ganz vertrauen, auch wenn er ihm keine neue Beziehung schenken würde?

Um den Verführungen Satans zu widerstehen, muss man den unerschütterlichen Glauben haben, dass Gott die einzige Quelle für Glück und Erfüllung, Halt und Geborgenheit ist. Die Kluft, die wir zwischen Gott und uns haben entstehen lassen, wird erst dann kleiner, wenn wir felsenfest davon überzeugt sind, dass nur Gott allein – auf seine Art und zu seiner Zeit – sich um unsere Bedürfnisse kümmern wird. Wenn wir das fest glauben und daran unser ganzes Leben festhalten, wird diese Waffe in Satans Waffenarsenal nutzlos sein.

Jim Elliot, der für seinen Glauben an Christus am Strand des Curaray-Flusses im Regenwald Ecuadors 1956 den Märtyrertod sterben musste, war in seinem Leben an den Punkt gekommen, wo seine Beziehung zu Gott an erster Stelle stand. Wie wäre er sonst mit seinen vier Freunden zum Flussufer gegangen in dem Wissen, dass sie ums Leben kommen könnten bei dem Versuch, die Herzen der Wilden für Jesus und sein Himmelreich zu gewinnen?

Lange bevor er sich entschloss, im Angesicht des Todes das Evangelium zu verkünden, schrieb er vom College einen Brief an seine Eltern, in dem er seine Ansichten über Freundschaften und seine zukünftige Ehefrau darlegte. Er beschloss, seine Beziehung zu Christus zu pflegen und sich nicht ablenken zu lassen, bis Christus ihm die richtige Frau geben würde. Über Adam im Garten Eden sagte er: »Adam wartete, bis Gott sah, was ihm fehlte. Darauf ließ er Adam in Schlaf sinken, bereitete ihm eine Gefährtin und führte sie ihm zu. Wir brauchen mehr von diesem ›Schlafen‹ in Gottes Willen. Denn dann können wir entgegennehmen, was er uns zuführt, und zwar zu der von ihm gesetzten Zeit, wenn überhaupt.«[2]

4. Gott unseren Wünschen anpassen

Ich bin davon überzeugt, dass es Satan völlig egal ist, ob wir religiös sind, solange unser Glaube nicht dem Willen und den Wegen Gottes entspricht. Ein Glaube, der sich nach Gott, seinem Willen und seinen Absichten richtet, hat etwas mit vollkommener Treue und Gehorsam zu tun. Gott teilt die Anbetung mit nichts und niemandem. Wahrhaftige Anbetung wird niemals von unseren eigenen Launen und Wünschen beeinflusst, sondern geschieht vielmehr in der Wahrheit und im Geist. In der wahrhaftigen Anbetung wird alles vor Gott gebracht, was einem würdigen Gott angemessen ist.

Satan agiert oft als Betrüger. Sein Ziel ist es, den Glauben so zu entstellen, bis unser Gottesbild verzerrt ist oder wir keinen Zugang zu Gott mehr haben. Vor ein paar Jahren nahmen sich 39 intelligente begabte Amerikaner das Leben. Sie waren von dem Wunsch besessen, Gott auf einer höheren Existenzebene zu begegnen. Mit einem Raumschiff wollten sie die Tiefen des Himmels erforschen. Ich empfinde tiefes Mitleid mit diesen 39 Menschen, die sich mit Drogen das Leben nahmen, um auf ihrer Reise Gott zu treffen. In Wirklichkeit aber waren sie unterwegs, um auf der anderen Seite aufzuwachen und festzustellen, dass sie zutiefst und schrecklich getäuscht worden waren.

Alle, die sich gemäß der Bibel zu Gott bekehrt haben, wundern sich über die merkwürdigen religiösen Dinge, die um uns herum geschehen. Aber auch wir haben unsere Schwachstellen. Es ist richtig, dass wir durch Jesus Christus zu Gott gekommen sind und bekannt haben, dass wir Sünder sind. Wir haben unsere Sünden Buße getan und wollen, dass Jesus der Herr über unser Leben ist. Wir glauben, dass es einen Himmel und eine Hölle gibt, dass Gott gerecht ist und Recht spricht. Aber wir neigen immer noch dazu, die Anbetung als Maske zu benutzen, die die Sünden in unserem Leben verdeckt, die wir Gott nicht übergeben wollen. Es fällt uns leicht, Gott äußerlich anzubeten, aber innerlich gibt es Bereiche, an denen wir hartnäckig festhalten und Gott nicht übergeben.

Das war auch Kains Problem – Adams und Evas Sohn – im Umgang mit Gott. Martie und ich hatten einer Nachbarin von Christus erzählt, und ein gemeinsamer Freund schenkte dieser Nachbarin eine Bibel und eine Orientierungshilfe für das persönliche Bibelstudium. Beim nächsten Treffen erzählte sie uns, dass sie nicht mehr Bibel lesen würde, weil sie nicht verstehen könne, warum Gott so unfair gewesen sei und Abels Opfer annahm, aber Kains ablehnte. Sie sagte: »Schließlich war er Bauer und brachte Gott einfach nur das, was er hatte. Hatte Gott von ihm erwartet, dass er ein anderes, für ihn annehmbareres, Opfer kaufen sollte?«

Sie hatte nicht verstanden, worum es ging. Nicht das Opfer an sich missfiel Gott, sondern die Tatsache, dass Kains Anbetung geheuchelt war. Unter der Maske der Anbetung verbarg sich eine unaufrichtige Gesinnung, die es ablehnte, Gott vollkommen treu ergeben zu sein.

Wir können Kains Problem erst dann richtig verstehen, wenn wir uns die Kommentare des Neuen Testamentes dazu ansehen. Im Hebräerbrief 11,4 lesen wir, dass der Unterschied zwischen Kain und Abel darin bestand, dass Abel ein gerechter Mann war. Der Unterschied zwischen den zwei Männern war ihre Gesinnung und hatte nichts mit der Qualität des Opfers zu tun. Judas drückt es sogar noch deutlicher aus, als er sagt, dass äußerlich religiöse Menschen die Religion dazu benutzen, um ihre Sünden zu-

zudecken. »*Wehe ihnen! Denn sie sind den Weg Kains gegangen*« (Vers 11). Diese Menschen haben keine Ehrfurcht vor Gott. Judas sagt, dass sie sich nur um sich selbst kümmern und ihre eigenen Schändlichkeiten zur Schau stellen. Sie sind Nörgler, Besserwisser und folgen nur ihren eigenen Begierden; sie sind stolz und bewundern Personen um des Vorteils willen (Vers 11-16).

Hier auf Erden war Christus gegenüber Sündern, die Heil suchten, überaus tolerant. Aber für die religiösen Heuchler, die glaubten, dass sie kein Heil nötig hatten, hatte er überhaupt keine Toleranz übrig. Immer wieder betonte er dies und drückte seine Verachtung aus. Jesus sagte, dass wir unsere Gabe vor dem Altar lassen und uns zuerst mit allen versöhnen sollen, denen wir Unrecht angetan haben (Mt 5,23-24).

Nachdem im Alten Testament König Saul ganz bewusst Gottes Befehl übertreten hatte und dann ein Opfer brachte, ließ ihm der Herr durch Samuel sagen: »*Gehorchen ist besser als Schlachtopfer*« (1Sam 15,22).

Der Psalmist sagt:

> »*Wer darf hinaufsteigen auf den Berg des HERRN und wer darf stehen an seiner heiligen Stätte?*
> *Der unschuldige Hände und ein reines Herz hat, der seine Seele nicht auf Falsches richtet und nicht schwört zum Betrug*« (24,3-4).

Der Psalmist sagt weiter über diese Nachfolger, die reinen Herzens und edler Gesinnung sind: »*Das ist das Geschlecht derer, die nach ihm trachten, die dein Angesicht suchen!*« (Vers 6).

Wir können Gott ein ganzes Leben lang im Ältestenkreis, als Bibellehrer oder Leiter des Kindergottesdienstes, als Menschenfreund, Ratgeber, Missionar, Pastor oder als Direktor einer Bibelschule dienen. Wir können emotional aufgeladen sein, wenn wir packende Anbetungslieder in großen und herrlichen Gemeindehäusern singen oder bei stark aufputschenden Lobgottesdiensten. Wir können unser ganzes Geld Gott opfern. Wir können von großartigen Predigten stark berührt werden und sogar über verlorene und verzweifelte Sünder weinen. Aber das alles ist nur Show, wenn nicht Gott selbst der Mittelpunkt unseres Lebens ist. Gott will nicht unseren Übereifer. Er will unsere Herzen. Darum hat Christus die Pharisäer getadelt. *»Dieses Volk ehrt mich mit den Lippen, aber ihr Herz ist weit entfernt von mir«* (Mt 15,8).

Wahre Anbetung bedeutet, Gottes Wert und Würde anzuerkennen. Das englische Wort für Anbetung *worship* kommt von *worth-ship*, und sagt etwas über Wert und Würde aus. Gott anbeten bedeutet also kundzutun, dass Gott würdig ist und in höchstem Maße mehr wert ist, als alles andere in unserem Leben. In der Anbetung wird die Verehrung Gottes zum Ausdruck gebracht. Wir zeigen Gott, wie viel er uns wert ist, wenn wir ihm dienen, auf sein Wort hören, ihm unsere Kraft schenken – und wenn wir ihm bedingungslos gehorchen.

Wie sehr wir Gott anbeten und wertschätzen, können wir durch unsere Taten zeigen und indem er bei allen unseren Plänen und in unseren Träumen die erste Stelle einnimmt. Er ist uns mehr wert, als die Sünde, die uns lockt. Wenn wir versucht werden, dann haben wir die wunderbare Gelegenheit, ihm zu sagen, dass er mehr wert ist, als die starke Verlockung unserer Begierden. Wenn wir zur Versuchung nein sagen, drücken wir damit klar und deutlich aus, wie sehr wir Gott in unserem Leben wertschätzen. Das ist wahre Anbetung.

Darum verabscheut es Gott so sehr, wenn wir uns hinter einer geheuchelten Anbetung verstecken. Anstatt mit unseren Taten zu zeigen, wie viel Gott uns wert ist, benutzen wir unsere Anbetung, um unser Schamgefühl und unsere Unzulänglichkeit dahinter zu verbergen. Das trifft genau den Kern der Sache. Sünde trennt uns von Gott, egal welches äußere Erscheinungsbild unser Leben hat. Wir können ihm einfach nicht nahe sein, solange wir an unserer Sünde festhalten.

Heuchelei ist eine Art Götzendienst. Wenn wir von der Sünde nicht ablassen und uns von ihr reinigen lassen, zeigen wir, dass die Sünde uns wichtiger ist als unsere Beziehung zu Gott. Wir dürfen nicht vergessen, dass Gott ein eifersüchtiger Gott ist – und das zu Recht! Er ist die höchste göttliche Macht im Universum, und er hat das Recht, in unserem Leben den ersten Platz einzunehmen und ohne Gegenspieler darüber zu herrschen. Wenn eine offenkundige Sünde dieses Recht antastet oder wenn uns unbedeutende Dinge wichtiger sind als Gott, dann begehen wir Götzendienst.

Missionare stehen in Japan vor dem Problem der Vielgötterei. Die Menschen dort können sich gar nicht vorstellen, dass es nur einen Gott gibt, der angebetet werden soll. Viele Japaner nehmen Jesus Christus sehr gern als ihren Gott an – aber nur, um einen weiteren Gott auf ihr mit noch anderen Göttern überfülltes Regal zu stellen. Auch wir sind imstande zu behaupten, dass Gott unser einziger Gott ist, in Wirklichkeit aber beten wir andere Götter an, die Macht über uns haben.

5. Gottes Zurechtweisung ablehnen

Wenn wir in unserem Leben an einer Sünde festhalten, wird Gott alles daransetzen, dass wir uns dieser Sünde bewusst werden und er wird genug Druck ausüben, bis wir Buße darüber tun. Gott ist nicht nur ein eifersüchtiger Gott. Er ist ein liebender und fürsorglicher Gott, der nicht will, dass die Sünde uns zerstört. Er will, dass wir erkennen, wie viel Freude uns seine Nähe schenkt, und er weiß, dass die Sünde diese innige Gemeinschaft zerstört. Der

Schreiber der Sprüche schreibt: »*Denn wen der Herr liebt, den züchtigt er wie ein Vater den Sohn, den er gern hat*« (Spr 3,12).

Bevor Kain Abel tötete, wies Gott ihn zurecht, um ihm bewusst zu machen, auf welchem Weg er sich befand. Es gab keine Hoffnung, mit Gott weiterhin Gemeinschaft zu haben, solange er an der Sünde in seinem Leben festhielt (1Mo 4,5). Noch einmal sagte Gott Kain, dass er etwas Unrechtes getan hatte, und bot ihm an, seine Sünde zu bereuen, um zu seinen Bedingungen zu ihm zurückzukehren (Verse 6-7). Wieder lehnte Kain die Zurechtweisung ab. In diesem Moment war klar, dass Kain sich entschieden hatte, sein eigenes Leben zu leben und auf Gottes Warnung nicht zu hören.

Jeder, der sich ehrlich danach sehnt, Gott näher zu sein, muss immer wieder auf Gottes Zurechtweisung in seinem Leben achten. Diese Zurechtweisungen geschehen sowohl *innerlich* als auch *äußerlich*.

Eine innerliche Zurechtweisung geschieht durch die Stimme des Geistes Gottes. Das geschieht fast immer sofort, wenn wir beabsichtigen, zu sündigen oder eine Sünde begangen haben. Es ist das schlechte Gewissen, das sich meldet, wenn wir die Spielregeln des Lebens übertreten haben. Wir haben alle schon die leise – und manchmal nicht so leise – Stimme gehört, die uns sagt, dass wir etwas Unrechtes getan haben, und die uns zu Gott zurückruft.

Das Schamgefühl ist auch eine innerliche Zurechtweisung. Es ist Ausdruck dafür, dass das Selbstwertgefühl und die Würde verloren gegangen sind. Unser Feind benutzt gern die Sünde, um das für uns notwendige Selbstvertrauen zu untergraben – dass wir als wertvolle Menschen nach dem Bilde Gottes geschaffen wurden. Wenn wir der Sünde erlauben, die Eigenschaften dieses Bildes zu zerstören, stellt sich unmittelbar darauf das Schamgefühl ein.

Auch Schuldgefühle sind eine innerliche Zurechtweisung Gottes. Schuldgefühle sind wie Alarmglocken, die in unseren Seelen so lange schrillen, bis wir uns darum kümmern. Leider versuchen viele von uns ihre Schuldgefühle mit schwachen rationalen Argumenten zu entschuldigen. Man sagt:»Ich konnte nicht anders.« »Das tut doch jeder.« »Das war ich mir schuldig.« »Ein kleiner Fehltritt ist doch gar so schlimm.« »Gott vergibt mir ja sowieso.«

All diese innerlichen Zurechtweisungen rauben uns den Frieden, die Ruhe, das Selbstvertrauen und die Sicherheit, die wir durch die Gemeinschaft mit Gott bekommen. Es sind Signale Gottes, dass etwas Wichtiges passiert ist, um das man sich sofort kümmern muss.

Die Geschichte von Jona im Alten Testament erzählt von einigen Zurechtweisungen Gottes durch äußerliche Mittel, damit der Prophet sich wieder zu ihm wendete und ihm gehorchte. Ursprünglich hatte Jona in seiner Rebellion gegenüber Gott inneren Frieden. Er wollte einfach nicht nach Ninive gehen und hatte seine Rebellion so verdrängt, dass er sofort einschlief, nachdem er das Schiff nach Tarsus bestiegen hatte. Er schlief so fest, dass sogar ein Sturm, der das Schiff zu zerbrechen drohte, ihn nicht aufweckte. Innerliche Zurechtweisungen konnten bei ihm nicht mehr jene Unruhe auslösen, die notwendig war, um Buße zu tun und zu gehorchen.

Weil Jonas Herz durch innerliche Zurechtweisungen nicht berührt wurde, gebrauchte Gott einen Sturm, einen heidnischen Schiffskapitän, das »zufällige« Werfen der Lose (wobei das Los auf Jona fiel), die Scham wegen seines Ungehorsams Gott gegenüber und drei Tage und Nächte in einem schmutzigen Unterwasserhotel, damit Jona wieder gehorchte.

Gott hat viele Wege und Möglichkeiten, um uns durch äußeren Druck wieder zu sich zu ziehen. Das kann durch gläubige Menschen geschehen, die durch ihr Leben Gottes Wesen und seine Nähe ausstrahlen. Es kann auch durch einen Gottesdienst geschehen. Oder vielleicht durch eine Predigt, die bei uns das Gefühl vollkommener Nacktheit auslöst, als seien alle Lichter ausgeschaltet und die Worte des Predigers wie ein Scheinwerferlicht auf uns gerichtet. Es kann das Versagen eines anderen Menschen in aller Öffentlichkeit und die damit verbundenen klaren Konsequenzen für dessen Leben sein. Und während wir dabei zusehen, spüren wir den Druck, in unserem eigenen Leben ähnliche Sünden abzulegen, weil wir sonst mit den gleichen Folgen rechnen müssen. Vielleicht ist es etwas, was unsere Kinder zu uns sagen, wenn sie Widersprüchliches oder Scheinheiliges in unserem Leben entdecken. Es kann sogar ein Ehepartner oder ein enger Freund sein, der uns auf ein bestimmtes Problem in unserem Leben aufmerksam macht. Oder wir machen die schmerzliche Erfahrung kritisiert zu werden, wobei Gott sogar den Feind benutzt, der uns wie durch einen Spiegel zeigt, wer wir wirklich sind.

Zurechtweisungen sind wie ein Spiegelsaal, der uns zeigt, wie Gott uns sieht und der es unmöglich macht, dass wir unserem wahren Ich entkommen. Zurechtweisungen sind wie der Badezimmerspiegel, der uns jeden Morgen daran erinnert, dass wir uns unbedingt in Ordnung bringen müssen. Solange wir in den Spiegel schauen, fühlen wir uns gezwungen, etwas gegen unsere unordentliche Erscheinung zu tun.

6. Aufrichtige Ermahner aus unserem Umfeld entfernen

Als der Profigolfer Steve Jones 1996 die *US Open* gewann, schrieb ein genervter Journalist Folgendes über diesen Sieg:

»Jones pries eine andere Inspirationsquelle – nämlich seine Religion. Er war bekennender Christ und spielte gegen Lehman, der auch Christ ist. Zu seiner Überraschung sagte Lehman am ersten Loch zu ihm: ›Steve, Gott möchte, dass wir stark und mutig sind, denn das ist der Wille des Herrn.‹ Lehman sagte auch am 16. Loch etwas Ähnliches.«[3]

Der Artikel kritisierte Jones und Lehman. »Abgesehen von der altmodischen Sitte, dass ein Spieler einen Rivalen ermutigen kann, muss man sagen, dass das öffentliche Bekenntnis zu Gott und zum Glauben langsam auf die Nerven geht.« Der Autor schrieb zum Schluss: »Man kennt weder Jones' Schuhgröße noch die seines Hutes, seiner Handschuhe oder sein Bankkonto. Müssen wir denn seine Religion kennen?«[4] Diese Gedanken standen nicht im Leserforum einer Zeitung, sondern vielmehr im Leitartikel der *Times*, der führenden Tageszeitung in Großbritannien.

Haben Sie sich jemals gefragt, warum in unserer Gesellschaft diejenigen Menschen am wenigsten toleriert werden, die an Recht, Unschuld und an einen Gott glauben, der schließlich die Rebellion der Menschheit richten wird? Dies ist doch ein merkwürdig einseitiges Urteil einer Gesellschaft, die Toleranz höher bewertet als alles andere. Aber es gibt einen guten Grund dafür: Eine unredliche Gesellschaft fühlt sich unwohl, wenn redliche Mahner ihr gegenübertreten.

Als Kain sich nicht von Gott zurechtweisen lassen wollte, musste er alles, was ihn an sein Versagen erinnerte, aus dem Weg schaffen, und Abel war sein erstes Opfer. Auch in unserer feindseligen und intoleranten Gesellschaft reagiert man auf Gerechtigkeit und Aufrichtigkeit – so wie Kain – feindselig und intolerant.

Das ist nicht nur in unserer Gesellschaft so. Wenn wir uns von

Gott entfernen, neigen auch wir dazu, Ermahnungen außer Acht zu lassen. Howard Hendricks vom *Dallas Theological Seminary's Center for Christian Leadership* befragte 246 Geistliche, die wegen moralischer Entgleisung in ihrem Dienst gescheitert waren. Steve Farrar schreibt in seinem Buch *Finishing Strong* darüber, wie Hendricks herausfand, dass »keiner von ihnen zu irgendeiner christlichen Gemeinde gehörte, wo sie Ermutigung und Korrektur erfuhren«. Alle »hatten aufgehört, regelmäßig und zu festen Zeiten zu beten, in der Bibel zu lesen und Gott zu loben und zu preisen.«[5] Wir können unmöglich an kleinen Sünden festhalten und gleichzeitig ehrliche Gemeinschaft mit einem gerechten Gott haben. Es ist völlig egal, welchen Bibelabschnitt wir lesen, wenn wir in unserem Leben Sünde dulden, wird Gott so lange unser Gewissen anstoßen, bis wir uns um diese Sünde kümmern. Das gleiche gilt für das Gebet. Wenn wir in Gottes Gegenwart treten, dann sind wir gezwungen, uns unseren Sünden zu stellen. Wir haben dann folgende Möglichkeiten: 1. Wir bekennen die Sünde, tun Buße und legen die Sünde ab. 2. Wir hören auf, Zeit mit Gott, dem Lesen seines Wortes und Gebet zu verbringen; oder 3. wir bleiben in dem verlogenen Zustand und beten und lesen weiter in der Bibel – der Disziplin wegen.

Wenn wir uns nicht um die Sünden in unserem Leben kümmern, wird das Gemeindeleben nur noch ein erbärmliches Erlebnis sein. Gehen wir dann weiter in die Gemeinde, stehen wir in der Gefahr, den aufrichtigen Ermahner durch unsere kritische Haltung zu ignorieren, auch wenn diese Korrektur noch so wichtig ist. Weil wir an der Sünde festhalten, fällt es uns leicht, uns auf die Heuchler in der Gemeinde zu konzentrieren (selten zählen wir uns zu ihnen), auf die Musik, die Predigt oder ein Dutzend anderer Entschuldigungen, damit Gott weder durch andere Gemeindeglieder noch durch die Verkündigung seines Wortes uns zu einem Leben in Reinheit motiviert.

Besonders fromme Menschen beunruhigen uns, wenn wir an der Sünde festhalten. Allzu gerne sehen wir ihre Schwächen und klatschen über ihre Fehler und sagen uns selbst, dass wir niemals *so* heilig sein wollen. Schließlich besteht das Leben aus mehr, als immer nur heilig sein.

Das alles sind Zeichen dafür, dass wir uns im fremden Land, fern von Gott, schon gut angesiedelt haben. Bevor Sie den Rest des Kapitels lesen, achten Sie auf diese Kennzeichen. Spiegeln irgendwelche davon Ihre Haltung oder Taten in Ihrem Leben wider? Was könnten Sie tun, damit Sie die Richtung ändern und sich Gott wieder zuwenden? Wenn wir das Glück der innigen Gemeinschaft mit Gott erleben wollen, müssen wir uns mit unserer Entgleisung auseinandersetzen.

Wir müssen auch die Blockaden erkennen und uns damit auseinandersetzen.

Der versperrte Blick

Es gibt in Amerika nur noch zwei wirklich große Baseballstadien: *Fenway Park* in Boston und *Wrigley Field* in Chicago. Die anderen großen alten Stadien wurden abgerissen und durch große Betonarenen ersetzt, denen es an Individualität, Zauber und Nähe fehlt. Das Problem mit den alten Stadien aber war, dass sie Sitze direkt hinter den Pfosten hatten. Von diesen Sitzen aus konnte man nicht in das komplette Spielfeld einsehen. Man nennt sie auch »Sitze mit versperrtem Blick«. Wenn man einen dieser Sitze hat, verpasst man fast das ganze Spiel und man muss die Person neben einem fragen, was gerade passiert. Man erlebt das Spiel sozusagen aus zweiter Hand.

Viele von uns sind in so einem Stadion, auf Sitzen mit versperrtem Blick. Wir hören die Freude, den Lobpreis und die

Anbetung. Wir hören vom Wirken des Heiligen Geistes und von mutigen Taten im geistlichen Kampf. Wir hören etwas über erhörte Gebete und die Liebe untereinander – aber alles aus zweiter Hand. Wir schauen hinunter zu den Plätzen neben dem Spielfeld und fragen uns:»Wie haben die ihre Sitze bloß bekommen? Ich wünschte ich wäre dort. Ich möchte dort unten nah am Geschehen sein, wo ich alles aus erster Hand mitbekomme.« Bevor wir lernen, wie wir die billigen Plätze verlassen und direkt am Geschehen teilnehmen können, müssen wir die vier Säulen in dem Stadion erkennen, die unseren Blick auf Christus versperren.

1. Die schönen Dinge des Lebens

Bevor die Israeliten in das Gelobte Land einzogen, warnte Gott sie davor, dass die Dinge, die er ihnen gegeben hatte, ihn nicht ersetzen sollten, denn sonst würden sie schnell vergessen, wie sehr sie ihn brauchten.

Die *schönen Dinge* des Lebens trüben unsere Sicht. Weil wir vergessen, dass Gott der Geber aller Gaben ist, können wir nicht mehr klar sehen. Wohlstand und Überfluss kühlen das Feuer für Jesus Christus in unserem Herzen ab. In der Anfangszeit Amerikas, als das Land noch Ackerland war, waren sich die Pioniere bewusst, dass sie Gott brauchten. Sie aßen von den Erträgen des Landes. Sie brauchten Sonnenschein – aber nicht zu viel davon. Sie brauchten Regen – aber auch nicht zu viel. Sie brauchten die Ernte zur rechten Zeit. Ihre Herden mussten gesund sein, damit sie überleben und wachsen konnten. Sie beteten zu Gott, dass er ihnen helfen und sie versorgen möge. Das Gebet brachte sie ihm näher.

Wenn wir heute Hunger bekommen, gehen wir einfach zu einem Snack-Automat oder laufen schnell über die Straße zum Lebensmittelgeschäft. Wenn wir etwas zum Anziehen brauchen, müssen wir nicht zuerst ein Schaf scheren oder unsere Kleidung nähen. Wir brauchen nur in das Einkaufszentrum gehen und die wunderbare Plastikkarte herausholen – Sie wissen schon, die mit dem Magnetstreifen.

Ich war schon immer fasziniert von der Geschichte, als Gott von Abraham die Opferung von dessen Sohn Isaak fordert. Diese Forderung ergab überhaupt keinen Sinn. Gott hatte Abraham schon aufgetragen, in ein neues Land zu ziehen, wo er ihm einen Sohn schenken würde. Dieser Sohn sollte einmal der Vater großer Nationen werden. Isaak verkörperte alles, was Gott für Abraham geplant hatte. Trotzdem befahl Gott Abraham, den jungen Mann auf den Altar zu legen und ihm zu opfern.

Mit einer erstaunlichen Demut gehorchte Abraham. Als Abraham zitternd das Messer ansetzte, hielt Gott ihn zurück und gab ihm ein Ersatzopfer. Gott wusste jetzt, dass Abraham ihn fürchtete und er ihm mehr wert war als alles andere. Abraham lebte in einer kanaanitischen Kultur, die – als höchsten Ausdruck ihrer Hingabe – ihren Götzen aus Holz und Stein Kinder opferte. Würde Abraham dem wahren Gott die gleiche Liebe zeigen wie die Heiden ihren Götzen? Er bestand die Prüfung.

Wir können uns mit folgender Frage selbst prüfen: *Wie sehr klammere ich mich an die Dinge, die Gott mir gegeben hat?* Wenn dieser Gott, mit dem wir enge Gemeinschaft haben dürfen, etwas von uns fordert, was wir wirklich lieb haben, würden wir es für ihn aufgeben? Was gibt es in unserem Leben, das wir nicht aufgeben würden für die immerwährende Freude der innigen Gemeinschaft mit ihm? Gibt es Dinge, Personen, Orte und Gewohnheiten, die wir mehr lieben als ihn? Wenn ja, werden wir immer auf den billigen Plätzen sitzen bleiben.

Innige Gemeinschaft fängt erst dann Feuer, wenn es nichts mehr gibt, was mir wichtiger ist, als die tiefe Beziehung zu dem einen, den ich liebe.

So funktioniert das in der Ehe.
So funktioniert das mit Gott.

2. Das eigene Ich

Wenn die *schönen Dinge* des Lebens unseren Blick nicht versperren, dann bestimmt das *eigene Ich*. Wenn es jemanden gab, der das Recht hatte, stolz zu sein, dann war es der Apostel Paulus. Ich muss zugeben, dass ich von seinem Lebenslauf beeindruckt bin. In Philipper 3,5-6 zählt er seine Qualifikationen auf: *»Beschnitten am achten Tag«* (genau das wurde erwartet, er war ein guter Jude), *»vom Geschlecht Israel, vom Stamm Benjamin«* (das war der Elitestamm), *»ein Hebräer von Hebräern; dem Gesetz nach ein Pharisäer, dem Eifer nach ein Verfolger der Gemeinde; der Gerechtigkeit nach, die im Gesetz ist, untadelig geworden.«* Wenn wir all jene Leistungen vorweisen könnten, wären die meisten von uns wahrscheinlich nur mit dem eigenen Ansehen und Ruhm beschäftigt. Er war es erstaunlicherweise nicht. Er schreibt weiter:

»Aber was auch immer mir Gewinn war, das habe ich um Christi willen für Verlust geachtet; ja wirklich, ich achte auch alles für Verlust um der unübertrefflichen Größe der Erkenntnis Christi Jesu, meines Herrn, willen, um dessentwillen ich alles eingebüßt habe und es für Dreck achte, damit ich Christus gewinne und in ihm erfunden werde – indem ich nicht meine Gerechtigkeit habe, die aus dem Gesetz ist, sondern die durch den Glauben an Christus, die Gerechtigkeit aus Gott aufgrund des Glaubens, um ihn und die Kraft seiner Auferstehung und die Gemeinschaft seiner Leiden zu erkennen, indem ich seinem Tod gleichgestaltet

werde, ob ich irgendwie hingelangen möge zur Auferstehung aus den Toten« (Phil 3,7-10).

Wenn wir uns nur um unser eigenes Ich drehen, dann sehnen wir uns nicht nach Christus. Wir können nicht beides haben. Paulus hatte sich entschieden, alle Dinge aus der Vergangenheit hinter sich zu lassen und alles, was er erreicht hatte, als Verlust zu achten, damit er frei sei, um Christus nachzufolgen.

Um in eine Beziehung zu Christus hineingeboren zu werden, müssen wir mit leeren Händen kommen. Errettung hat nichts mit eigenen Werken zu tun. Unter dem Kreuz gibt es kein Ansehen, dort ist jeder gleich. Wir können zum Kreuz kommen, beladen mit eigenen Leistungen und unter dem Beifall anderer. Aber um Christus zu gewinnen, müssen wir alles ablegen und so, wie wir sind, zum Kreuz kommen und uns daran festklammern. Und Paulus macht klar, dass wir auch *weiterhin* alles für Verlust achten müssen, um eine tiefe und innige Gemeinschaft zu Christus aufzubauen.

Logenplätze bekommen wir nicht, indem wir sagen, dass wir das eigene Ich hassen. Ichbezogenheit, Egoismus und mit sich selbst beschäftigt sein *sind* schlecht, aber das eigene Ich an sich ist es nicht. Wir dürfen nicht ignorieren, was Christus zu den Pharisäern sagte. Er sagte, dass wir den Herrn unseren Gott mit unserem *ganzen Sein* lieben sollen (Mt 22,36-37). Das eigene Ich ist eigentlich ein Geschenk Gottes. Wir aber stellen uns selbst in den Mittelpunkt, wo Christus eigentlich hingehört. Es ist kein Wunder, dass wir Schwierigkeiten haben, ihn klar zu sehen. Wir müssen ihn bitten, dass er der Mittelpunkt unseres Herzens, unserer Seele und unseres Verstandes, unserer ganzen Kraft wird. Das ist die Freude, die aus einer vertrauten Beziehung entspringt. Das ist der Schritt, um echte, innige Gemeinschaft zu entwickeln.

3. Äußerliche religiöse Handlungen

Wenn weder die *schönen Dinge* des Lebens noch das *eigene Ich* unseren Blick trüben, dann aber bestimmte *äußere religiöse Handlungen.* Wir alle haben damit zu kämpfen, dass unser Glaube, der durch die wachsende persönliche Beziehung zu Jesus lebendig ist, fast unmerklich zu einer leeren Routine wird, die von äußeren religiösen Handlungen geprägt ist. Wir können diese Krise an der Gemeinde in Ephesus erkennen, zu der Jesus sagt:

»Dem Engel der Gemeinde in Ephesus schreibe: Dies sagt der, der die sieben Sterne in seiner Rechten hält, der inmitten der sieben goldenen Leuchter wandelt: Ich kenne deine Werke und deine Mühe und dein Ausharren, und dass du Böse nicht ertragen kannst; und du hast die geprüft, die sich Apostel nennen und es nicht sind, und hast sie als Lügner erkannt; und du hast Ausharren und hast [vieles] getragen um meines Namens willen und bist nicht müde geworden« (Offb 2,1-3).

Auf den ersten Blick würden wir die Gemeinde in Ephesus zur »Gemeinde des Jahres« wählen. Jesus überschüttet sie nur mit Lob. Wenn wir jedoch weiterlesen, sagt Jesus: *»Aber ich habe gegen dich.«* Das ist eine beunruhigende Anklage. Wir zitieren immer gerne Römer 8,31: *»Wenn Gott für uns ist, wer gegen uns?«* Aber was ist, wenn das Gegenteil wahr ist? Jesus klagt an und sagt: *»Aber ich habe gegen dich, dass du deine erste Liebe verlassen hast«* (Offb 2,4). Das griechische Wort für »erste« ist nicht zeitlich gemeint. Es ist damit nicht das Gefühl gemeint, das wir bei unserer Bekehrung hatten. Das meint Jesus nicht, denn dieses Gefühl haben wir erst wieder, wenn wir bei Gott zu Hause angekommen sind. Das Wort bedeutet »an erster Stelle stehen« oder »Vorrangstellung«. Jesus sagt, dass er nicht mehr die erste Stelle in der Liebe der Epheser einnimmt. Sie sind damit beschäftigt, alle möglichen religiösen Dinge zu tun, aber sie tun sie nicht, weil sie ihn lieben.

Warum widerstehen wir der Versuchung? Haben wir Angst vor den Folgen oder davor, erwischt zu werden? Warum spenden wir Geld? Damit Gott uns als Gegenleistung segnet? Warum geben wir unser Wissen an andere weiter oder helfen ihnen? Zu unserer eigenen Ehre? Oder weil es sonst niemand macht? Singen wir in einem Chor, weil wir gerne singen? Das alles können Gründe sein, sich für Gott einzusetzen – aber es geschieht aus falschen Motiven heraus. Und genau das wollte Jesus sagen. Alles, was wir tun, sollte seinetwegen, für ihn und ihm zuliebe geschehen.

Aus Liebe zu Jesus sollten wir Versuchungen widerstehen. Wir müssen nein zu Sünde sagen, weil wir Jesus damit zeigen wollen, dass wir ihn mehr lieben als jedes scheinbar noch so unwiderstehliche Verlangen in unserem Leben. Wir spenden Geld, weil wir damit ein wenig unsere Liebe zeigen können, egal ob wir etwas zurückbekommen oder nicht. Seinetwegen teilen wir mit anderen unser Wissen, predigen, beten und singen. Jesus sollte der alleinige Beweggrund für unser Handeln sein.

Wie bekommen wir wieder den richtigen Blick? Indem wir Jesus gehorchen. Wir müssen Buße tun und uns daran erinnern, was wir zu Beginn unseres Glaubens machten, als wir alles aus lauter Liebe zu Jesus taten (Offb 2,5). Wenn wir ihm wieder die erste Stelle in unserem Leben einräumen, dann fangen wir an, für ihn und aus reiner Liebe zu ihm zu handeln.

Wenn unsere Taten aus Liebe zu Jesus geschehen, dann stellen wir im gleichen Moment wieder eine Verbindung zu ihm her. Wenn unser Handeln auf der Grundlage einer Beziehung geschieht, dann ist das der erste Schritt zur innigen Verbundenheit.

4. Sünde

Wenn weder die *schönen Dinge* des Lebens noch das *eigene Ich*, noch *äußere religiöse Handlungen* unseren Blick trüben, dann ist es bestimmt die *Sünde* in unserem Leben. Ihre Kraft haben wir deutlich im ersten Buch Mose Kapitel 3 gesehen, als Adam und Eva der Sünde verfielen. Als Gott zurück in den Garten kam, was taten sie da? Sie versteckten sich. Wenn wir in unserem Leben weiterhin bewusst sündigen, dann wird unsere Sicht auf Gott immer verstellt sein, weil der heilige Gott und unsere Sünde unvereinbar miteinander sind. Wir wollen uns sogar verstecken, damit er uns nicht bemerkt.

Aber Gott ruft uns immer noch aus unserer Einsamkeit und Verlassenheit heraus. Er wartet auf uns und ist bereit, uns zu reinigen und wiederherzustellen. Wir müssen uns von der Sünde fernhalten. Wenn wir uns Gott nähern wollen, müssen wir uns sofort und radikal um die Sünde kümmern.

In dem Prozess der Abkehr von der Sünde könnten wir einen Bruder oder eine Schwester im Herrn um Hilfe bitten. Wir brauchen einen guten Freund, der für uns betet, der ehrlich ist und uns bei der Heilung hilft. Jemand, der Zeugnis geben kann, dass wir in Reinheit leben.

Ich brauche Freunde, die reifere Christen sind als ich. Das motiviert mich, weiter mit Jesus zu wandeln und engere Gemeinschaft mit ihm zu pflegen. Suchen Sie einen oder zwei und pflegen Sie Gemeinschaft mit ihnen. Hören Sie zu und lernen Sie von ihnen. Menschen, die mit Christus enge Gemeinschaft pflegen, ermutigen uns, unsere Entfernung zu Gott zu verringern.

Immer wenn ich als Jugendlicher eine Verabredung hatte, genoss ich den Moment der Vorfreude, nämlich dann, wenn der

Zeitpunkt gekommen war, um das Mädchen für den besonderen gemeinsamen Abend abzuholen. Ich fuhr dann zu ihr nach Hause, ging zur Tür und läutete – und wenn sie fertig war, gingen wir gemeinsam zum Auto. Als Gentleman habe ich ihr die Autotür geöffnet. Sie setzte sich ins Auto, ich schlug die Tür zu und ging dann um das Auto herum, um einzusteigen. Dabei hoffte ich immer, dass sie schon so weit wie möglich zu mir herüber gerückt war. (Natürlich war das in einer Zeit, als es noch keine Gurte und getrennte Autositze gab, sondern alle Autos noch durchgehende Sitzbänke hatten!) Aber ich muss gestehen, dass sie manchmal mehr auf ihrer Seite saß, als in meiner Nähe. Ich wusste, dass etwas zwischen uns stand und dass ich mich zuerst um dieses Problem kümmern musste.

Ich frage mich immer wieder, ob Gott die gleichen Gefühle gegenüber uns hat. Er hat uns umworben, uns erlöst und uns zu seinem Eigentum gemacht. Trotzdem muss er enttäuscht feststellen, dass der *Abstand* zwischen ihm und uns immer größer wird, auch wenn wir gerne mit ihm leben und uns bewusst nicht absichtlich von ihm entfernen wollen.

Mir gefällt das Loblied von Charles A. Tindley *Nothing Between*:

Nichts trennet nun mehr meine Seel' und den Retter,
Nichts auf dieser Welt, nicht ihr trugvoll Begehr.
Ich habe entsaget all ihrer Verlockung,
Der Heiland ist mein, und uns trennet nichts mehr.

Nichts trennet nun mehr, keine weltlichen Freuden,
Vergnügung des Lebens, so harmlos sie scheint.
Nichts auf dieser Welt darf mein Herz von ihm scheiden.
Er ist nun mein Alles, wir sind stets vereint.

Nichts trennet nun mehr weder Stolz oder Stellung,
Nicht Welt oder Freunde noch eigen Begehr.
Auch wenn es mich kostet so mancherlei Prüfung,
Ich bin fest entschlossen, ich lass ihn nicht mehr.

Nichts trennet nun mehr meine Seel' und den Retter,
So dass ich sein heiliges Antlitz darf sehn.
Nichts hindert den Strom seiner Gnade so mächtig,
Nichts darf seinem Fluss je im Wege mehr steh'n.

Hier beschreibt der Dichter, dass ihn nichts von seinem Retter scheiden kann, weder trügerische Sehnsüchte noch Sünden und Lüste dieser Welt, von denen er sich abgekehrt hat. Weder scheinbar harmlose Gewohnheiten noch Stolz oder Ehre, weder das eigene Ich noch Freunde dürfen ihn von seinem Erlöser trennen. Auch wenn er deswegen leiden sollte, ist er fest entschlossen, dass nichts zwischen sie kommen möge.

Das ist das Lied des Pilgers, der das ferne Land verlassen hat und nach Hause kommt.

Wie es dem verlorenen Sohn ergangen ist

Das Leben des verlorenen Sohnes zeigt, wie viel Macht die schönen Dinge des Lebens, das eigene Ich, die äußere religiösen Handlungen und die Sünde haben, und wie all diese Dinge unser Leben in die falsche Richtung lenken. Zuerst forderte der Sohn von seinem Vater etwas »Schönes« für sich, sein Erbteil. Als er sein Zuhause verließ, dachte er erst an sich selbst. Er gab noch nicht einmal vor, irgendwie äußerlich religiös zu sein, aber ganz gewiss war sein Denken weltlich geprägt – dieses Denken endete in Armut, Depressionen, im Verlust seiner Freiheit und in persönlicher Schande. Am Ende merkte er, dass seine größte Hürde die Sünde war, als er seinen Vater mit seiner Arroganz, seinem Streben nach Selbstverwirklichung und Unabhängigkeit beleidigt hatte.

Der verlorene Sohn musste unter den Folgen seines selbstsüchtigen Lebens leiden. Zuerst entschied er sich, für einen Fremden zu arbeiten, um sich zu ernähren. Die Folge war, dass sein neuer Boss ihn »*in seine Äcker schickte, um die Schweine zu hüten*« (Lk 15,15). Für einen jungen Mann, der aus einer guten jüdischen Familie kam, war das bestimmt ein erniedrigender Job, aber ihm blieb nichts anderes übrig.

Der verlorene Sohn war gedemütigt und bereit, alles zu bereuen. »*Als er aber in sich ging, sprach er: Wie viele Tagelöhner meines Vaters haben Überfluss an Brot, ich aber komme hier um vor Hunger*« (Lk 15,17). Das Zuhause bei seinem Vater war der Ort, wo er sein musste und sein wollte. Das ferne Land hatte ihn betrogen – wie das immer so ist. Aber er wusste, dass er das Hindernis aus dem Weg schaffen musste, das ihn von seinem Vater trennte.

Was war seine Lösung?

»*Der Sohn aber sprach zu ihm: Vater, ich habe gesündigt gegen den Himmel und vor dir, ich bin nicht mehr würdig, dein Sohn zu heißen*« (Lk 15,21).

Erstaunlicherweise, aber Gott sei Dank, vergab der Vater ihm und nahm ihn wieder vollkommen an.

Und so ist es auch mit Gott. Er wartet auf uns, er sehnt sich nach uns, und er umwirbt uns. Er möchte, dass wir nach Hause kommen.

KAPITEL 6
WER KLOPFT DA AN?

Das Wirken Gottes, der sich nach inniger Gemeinschaft sehnt

*»Siehe, das Zelt Gottes bei den Menschen! Und er
wird bei ihnen wohnen, und sie werden sein Volk sein,
und Gott selbst wird bei ihnen sein.«*
Offenbarung 31,3

Viele Universitäten in den USA sind sogenannte Campus-Universitäten, wo die Studenten mit auf dem Gelände wohnen. Ich glaube, dass dort der aufregendste Ort die Poststelle ist. Solange man ein reines Gewissen hat, machen die täglichen Nachrichten viel Freude. Die Studenten schauen nach, ob ein Brief von einem Freund oder von der Freundin angekommen ist. Oder sie erwarten einen Scheck von den Eltern, eine Dose mit Keksen oder die Note der letzten Prüfung. Ich frage mich, wie wir reagieren würden, wenn wir einen Brief mit dem Absender »Jesus Christus, Weltall« bekämen. Natürlich wären wir an der Botschaft interessiert. Obwohl wir wissen, dass Christus ganz genau weiß, was uns fehlt, wären wir von dem Text beeindruckt. Auch der Brief, den Christus an die Gemeinde von Laodizea (Offb 3,14-22) schrieb, sollte uns beeindrucken. Er ist sehr persönlich und sehr wichtig für unsere Suche nach inniger Gemeinschaft. Er hätte an uns gerichtet sein können. Am Ende des Briefes wird eine unfassbare Einladung ausgesprochen.

»Siehe, ich stehe an der Tür und klopfe an; wenn jemand meine Stimme hört und die Tür öffnet, zu dem werde ich hineingehen und mit ihm essen, und er mit mir. Wer überwindet, dem werde ich geben, mit mir auf meinem Thron zu sitzen, wie auch ich überwunden und mich mit meinem Vater auf seinen Thron gesetzt habe. Wer ein Ohr hat, höre, was der Geist den Gemeinden sagt!« (Verse 20-22).

Auch wenn diese Verse oft auf die Errettung bezogen wurden, haben sie dem Kontext zufolge eigentlich mit der Beziehung von Gläubigen zu Christus tun.

Jesus klopft an unsere Herzenstür. Diese Metapher ist gewaltig. Es bedeutet, dass uns Jesus bewusst und mit ganzer Leidenschaft nachgeht. Es werden auch keine besonderen Bedingungen vorausgesetzt. Er redet nicht zu einigen Auserwählten, hoch geistigen, angesehenen Menschen aus Laodizea. Er spricht zu *allen* Menschen in der Gemeinde von Laodizea – zu den Schwachen und Starken, zu den Reichen und Armen, zu den Behinderten und Unterprivilegierten. Christus lässt erkennen, dass er ganz bewusst innige Gemeinschaft mit uns allen haben möchte.

In der ganzen Heiligen Schrift zeigt Gott, dass er an einer persönlichen Beziehung interessiert ist. Wie wir gesehen haben, ging er zurück in den Garten Eden, um Adam und Eva zu finden und die enge Beziehung zu ihm wiederherzustellen. Durch die ganze Geschichte Israels hindurch ging Gott seinem Volk nach. Warum würde Gott in der Wildnis leben wollen, wo er doch den Himmel hatte? Er bat die Israeliten darum, ein kleines tragbares Haus für ihn zu bauen, weil er mitten unter ihnen sein wollte. Und er versorgte sie mit Manna und beschützte sie vor den großen Feinden. Gott war mitten unter seinem Volk.

Und dann geschah etwas Außerordentliches. Es war ein lang erwartetes Ereignis, durch die Geschichte Israels vorbereitet wie eine Geburt durch Geburtswehen: der Messias wurde geboren. Gott wurde Fleisch. Im griechischen Text von Johannes 1,14 beschreibt der Apostel anschaulich, dass Christus »sein Zelt unter uns errichtete«: »*Und das Wort wurde Fleisch und wohnte* (wörtl. zeltete) *unter uns.*« Er berührte die Lahmen unter uns und sie konnten gehen. Er macht die Blinden unter uns sehend. Er erweckte seinen Freund Lazarus von den Toten. Zu seinen Jüngern sagte er: »*Folgt mir nach.*« Und als er fortging sagte er zu ihnen: »*Ich gehe hin, euch eine Stätte zu bereiten. Und wenn ich hingehe und euch eine Stätte bereite, so komme ich wieder und werde euch zu mir nehmen, damit auch ihr seid, wo ich bin*« (Joh 14,2-3). Die ganze Heilige Schrift ist übervoll mit Aussagen, dass Gott ganz bewusst danach strebt, innige Gemeinschaft mit uns zu haben.

Die Bibel beginnt mit Gottes Suche nach Adam und Eva im Garten Eden, um die zerbrochene Beziehung wiederherzustellen, damit sie wieder Gemeinschaft mit ihm haben können. Sie endet mit der Vollendung dieser Aufgabe, die uns eine ungetrübte Gemeinschaft mit Gott sichert, die durch nichts angetastet werden kann. Johannes schreibt:

> »Und ich sah einen neuen Himmel und eine neue Erde; denn der erste Himmel und die erste Erde waren vergangen, und das Meer ist nicht mehr. Und ich sah die heilige Stadt, das neue Jerusalem, aus dem Himmel von Gott herabkommen, bereitet wie eine für ihren Mann geschmückte Braut. Und ich hörte eine laute Stimme vom Thron her sagen: Siehe, das Zelt Gottes bei den Menschen! Und er wird bei ihnen wohnen, und sie werden sein Volk sein, und Gott selbst wird bei ihnen sein. Und er wird jede Träne von ihren Augen abwischen, und der Tod wird nicht mehr sein, noch Trauer, noch Geschrei, noch Schmerz wird mehr sein: denn das Erste ist vergangen« (Offb 21,1-4).

Wenn Christus uns so nahe kommt, warum öffnen wir ihm nicht die Tür? Es gibt mindestens drei Gründe für unsere Zurückhaltung.

Angst

Obwohl Gott uns nachgeht und Christus bei uns anklopft, hat so mancher Angst davor, die Tür zu öffnen. Viele von uns haben sich nach einer innigen Beziehung gesehnt – mit Vater oder Mutter oder mit einem anderen Menschen. Dann machten wir die Erfahrung, dass unsere Hoffnung auf enge Gemeinschaft nicht nur zerstört wurde, sondern dass wir auch verletzt wurden, als wir leicht verwundbar waren. Wir haben Angst und wissen nicht, ob wir jemals wieder vertrauen können.

In dem Buch *Intimacy with God* spricht Thomas Keating über das Problem:

>»Grundlage für den Glaubensweg eines Christen ist das wachsende Vertrauen zu Gott. ... Gerade dieses Vertrauen weist den Weg, damit unser Wesen umgestaltet und unser Schmerz verwandelt wird. Verletzungen werden geheilt und wir werden unmerklich zu dem Menschen, den Gott haben möchte. Da Vertrauen so wichtig ist, kann unser Glaubensweg blockiert werden, wenn wir seit unserer frühen Kindheit Gott gegenüber negativ eingestellt sind. Wenn wir vor Gott Angst haben oder er für uns wie ein zorniger Vater ist, ein Polizist, der mich verdächtigt oder wie ein harter Richter, dann wird man für diesen Weg kaum Begeisterung oder Interesse empfinden können.«[1]

Hier ist für alle, die Gott von sich fernhalten und das Klopfen zwar hören, aber Angst haben, die Tür zu öffnen, ein Gebet. Es ist das Gebet aus Markus 9,24: *»Ich glaube. Hilf meinem Unglauben.«* Wir sollten sagen: »Herr, ich möchte dir vertrauen«, dann sollten wir ihm vertrauen und uns auf das Abenteuer einlassen, die Hand ausstrecken und Gott die Tür öffnen. Wir müssen endlich begreifen, dass Gott uns nicht enttäuschen möchte. Er will uns nicht quälen oder ausnutzen. Er starb doch für uns – und hat uns schon bewiesen, wie wichtig wir ihm sind. Niemand, der schon Gott vertraut hat und eine tiefe Beziehung zu ihm aufgebaut hat, wurde jemals enttäuscht – noch nie.

Selbstständigkeit

Dass Christus immer noch draußen steht, kann auch etwas damit zu tun haben, dass manche von uns das gleiche Problem haben wie die Christen in Laodizea. Viele von uns erkennen sich in der Geschichte aus Offenbarung 3,20-22 wieder.

»Und dem Engel der Gemeinde in Laodizea schreibe: Dies sagt der Amen, der treue und wahrhaftige Zeuge, der Anfang der Schöpfung Gottes: Ich kenne deine Werke, dass du weder kalt noch heiß bist. Ach, dass du kalt oder heiß wärest! Also, weil du lau bist und weder heiß noch kalt, werde ich dich ausspeien aus meinem Munde. Weil du sagst: Ich bin reich und bin reich geworden und brauche nichts, und nicht weißt, dass du der Elende und bemitleidenswert und arm und blind und bloß bist, rate ich dir, von mir im Feuer geläutertes Gold zu kaufen, damit du reich wirst; und weiße Kleider, damit du bekleidet wirst und die Schande deiner Blöße nicht offenbar werde; und Augensalbe, deine Augen zu salben, damit du siehst. Ich überführe und züchtige alle, die ich liebe. Sei nun eifrig und tu Buße!« (Verse 14-19).

Eigentlich sagt Christus zu den Menschen in Laodizea: »Ihr seid lauwarm. Ich wünschte, Ihr wärt wie Eistee an einem heißen Sommertag oder wie heißer Tee an einem kalten Tag. Ich wünschte, Ihr hättet mehr Charakter, aber weil Ihr weder heiß noch kalt seid, mag ich euch nicht.«

Warum sagt Gott so etwas über sein Volk? Er sagte es wegen dessen Selbstständigkeit. Die Menschen waren reich und hatten keine materiellen Sorgen. Daher glaubten sie, dass sie Gott nicht brauchen. Sie verließen sich auf ihren materiellen Wohlstand. Der gab ihnen Zufriedenheit und Erfüllung, Halt und Sicherheit. Ich finde es interessant, dass alle diese »Selbst«-Wörter, mit denen wir in der Gemeinde um uns werfen, sofort Schuldgefühle hervorrufen. Allein das Wort *selbstsüchtig* lässt uns zusammenzucken – ebenso selbstsicher und selbstgefällig. Aber wenn wir an Selbstständigkeit denken, fangen unsere Augen vor lauter frommer Teilnahmslosigkeit an zu glänzen. Wir halten es für nicht so schlecht wie die anderen »Selbst«-Wörter. Aber für Gott ist es ein wichtiges Thema. Christus sagte den Menschen in Laodizea, dass sie, obwohl sie alles hatten, was sie zum Leben brauchten – und mehr –, *»bemitleidenswert, arm, blind und bloß«* waren (Vers 17). Sie brauchten einfach Jesus.

Christus jedoch gab weder die Gemeinde in Laodizea auf, noch gibt er uns auf. In 1. Timotheus 6 sagt Paulus den Gläubigen, dass sie den irdischen Reichtum fliehen und nach *»Gerechtigkeit, Gottseligkeit, Glaube, Liebe, Ausharren, Sanftmut«* streben sollen (Vers 11). Gott möchte uns richtig reich machen. Er will unser Leben mit echten Werten füllen. Er will uns *»von ihm im Feuer geläutertes Gold«* geben (Offb 3,18). Er will uns seinen Frieden geben, seine Freude, seine Gegenwart und Kraft. In der Beziehung mit ihm will er uns allen Reichtum schenken, will uns mit weißen Kleidern, dem Gewand seiner Kinder, bekleiden und unsere Augen mit der Salbe seiner Gegenwart salben, damit wir sehen können (Vers 18). Weil er uns liebt, möchte er, dass wir – wie die Menschen in Laodizea – für unsere Selbstständigkeit Buße tun (Vers 19).

Mir gefällt es, dass Christus uns immer wieder nachgeht, damit wir mit ihm innige Gemeinschaft haben können. Wir sollten uns schämen, dass wir unser ganzes christliches Leben lang dachten, christlichen Institutionen gegenüber verpflichtet zu sein. Dass wir dachten, seine Gaben und seine Güte, Reichtum und Freunde und alles, was mein äußerliches Christsein ausmacht, sei alles, was ich wirklich brauche. Die Sünde meiner Selbstständigkeit ist eine tiefe Beleidigung für ihn. Trotzdem klopft er immer noch an.

Leider sind wir so sehr damit beschäftigt, immer mehr von diesen weltlichen Gütern anzuhäufen, in denen wir Befriedigung suchen, dass wir seine Gegenwart kaum wahrnehmen. Wir werden nie erfahren, wie wunderbar zufrieden wir in ihm sein können, wenn wir nicht lernen, mit dem, was wir haben, zufrieden zu sein.

Unzufriedenheit

Laurence Shames schreibt in seiner prägnanten Analyse, *The Hunger for More*, über die Jagd der Amerikaner nach Konsum und Genuss:

> »*Mehr* – falls es ein Wort gibt, das die Wünsche und Leidenschaften der Amerikaner am besten beschreibt, dann dieses. Mehr Geld. Mehr Erfolg. Mehr Luxus. Wir leben dafür, mehr zu haben – wir leben für mehr Lohn, für unser nächstes Haus und für Dinge, die wir schon haben. Wie wunderbar diese Dinge auch sind, sie scheinen im Vergleich zu den Dingen, die wir *noch* haben könnten, zu verblassen.«[2]

Eine Freundin – die Erbin eines großen Anwesens – erzählte mir, dass sie sich die Zeit zurück wünschte, als sie sich noch darüber freute und damit zufrieden war, zu Weihnachten eine schöne Tasse geschenkt zu bekommen. Sie sagte, dass es etwas Wunderbares und Schönes sei, wenn man mit kleinen Dingen zufrieden und glücklich ist.

Sie hatte jedoch vergessen, dass auch jene, die sich an kleinen

Dingen erfreuen *können*, merken, dass diese Sachen schnell uninteressant werden. Wir wollen immer mehr und sehnen uns nach Dingen, die größer und besser sind.

Ich habe eine Vorliebe für große schwere Porzellantassen. Wahrscheinlich ist das typisch Mann. Meine absolute Lieblingstasse ist die vom Basketball-Team der *Chicago Bulls*. Das war sie jedenfalls, bis ich das *Hot Shot Cafe* in Ashville, North Carolina, besuchte. Man muss einfach mal im *Hot Shot Café* gewesen sein. Dort kommen die Einheimischen hin, es gibt eine alte *Musicbox* und solche Dinge. Alles ist echt. Gute alte Hausmannskost und eine authentisch derbe raue Kellnerin. Auf dem Regal hinter der Kasse stehen die Tassen des *Hot Shot Cafés*. Natürlich musste ich eine haben. Es war wie ein Zwang, dem ich nicht widerstehen konnte. Also bezahlte ich von meinem hart verdienten Geld den Becher und nahm ihn mit nach Hause, wo ich ihn zu den anderen Tassen stellte, die ich im Laufe der Jahre gekauft hatte, um meine Gelüste zu befriedigen.

Wenn es in unserem Leben nur um die Tassen oder Teddybären, CDs oder Antiquitäten gehen würde, dann wäre das eigentlich keine große Sache. Aber es geht um die treibende Kraft, die dahinter steckt und mich dazu antreibt, noch einen Becher mehr haben zu wollen, und die auch hinter den großen Dingen des Lebens steckt.

Shames schreibt weiter:

»Im Laufe der letzten zehn Jahre sind viele Menschen zu der Überzeugung gelangt, dass das Leben keinen Sinn und Zweck haben muss. Das braucht es auch nicht. Der Konsum brachte die Arbeiter zum arbeiten, die Gehaltsschecks kamen, die Leute gaben das Geld aus, die Erfinder erfanden und die Investoren investieren, was bedeutete, dass es mehr zu konsumieren gab. Das

System – richtig verstanden – war unabhängig von Werten und brauchte keine Philosophie, die es stützte. Es war ein perfekter, in sich vollkommener Kreislauf – aber vollkommen sinnlos.«[3]

Das biblische Wort für Zufriedenheit ist *Genügsamkeit*. Wir sollen uns mit dem begnügen, was wir haben, denn wir haben Gott – und er reicht uns vollkommen. Das bedeutet nicht, dass wir uns nichts mehr wünschen oder uns darüber freuen dürfen, wenn wir uns ab und zu etwas kaufen. Sondern es bedeutet, dass wir nicht vom Kaufrausch beherrscht werden sollen. Wenn wir Gott haben, haben wir alles. Alles andere ist eine Sonderzulage. Paulus bezeugt, dass er beides erfahren hatte. Einmal hatte er alles und ein anderes Mal wenig. In beiden Fällen war er zufrieden (Phil 4,11-13). In 1. Timotheus 6 schreibt er:

»Die Gottseligkeit mit Genügsamkeit aber ist ein großer Gewinn; denn wir haben nichts in die Welt hereingebracht, so dass wir auch nichts hinausbringen können. Wenn wir aber Nahrung und Kleidung haben, so wollen wir uns daran genügen lassen. Die aber reich werden wollen, fallen in Versuchung und Fallstrick und in viele unvernünftige und schädliche Begierden, welche die Menschen in Verderben und Untergang versenken. Denn eine Wurzel alles Bösen ist die Geldliebe, nach der einige getrachtet haben und von dem Glauben abgeirrt sind und sich selbst mit vielen Schmerzen durchbohrt haben« (Verse 6-10).

Wir verdrehen den Vers oft und sagen »Gottseligkeit mit Gewinn ist Genügsamkeit«, obwohl es in Wirklichkeit anders heißt. Der Autor des Hebräerbriefes erinnert uns:

»Der Wandel sei ohne Geldliebe; begnügt euch mit dem, was vorhanden ist, denn er hat gesagt:»Ich will dich nicht versäumen noch verlassen«, so dass wir zuversichtlich sagen können:»Der Herr ist mein Helfer, ich will mich nicht fürchten. Was soll mir ein Mensch tun?« (13,5-6).

Genügsamkeit hat nicht nur mit materiellen Dingen zu tun. Es gibt viele Dinge, die uns unzufrieden machen können. Es können unser Ehepartner, der Job, der Wohnort, unsere Ausbildung oder andere Dinge sein. Manchmal kann Unzufriedenheit uns motivieren, bedachtsamer und besonnener zu leben, oder dass wir uns Gott mehr zuwenden. Das ist eine gesunde Unzufriedenheit. Aber eine Unzufriedenheit, die uns einredet, was uns fehlt, ist eine Unzufriedenheit, die in dem Verlangen nach »ein wenig mehr und noch einem Erlebnis, noch einer Freundschaft« ihre Befriedigung und Sicherheit sucht.

Wir werden dem *fernen Land* niemals den Rücken kehren und nach Hause schauen, solange wir nicht erkennen, dass Christus unsere einzigartige Kraftquelle ist und uns befähigt, ein zufriedenes und erfülltes Leben zu führen.

Wenn er anklopft, dann wird ein zufriedenes Herz, das auf Gott vertraut, schnell darauf antworten. Öffnet man dann die Tür, kann man voller Freude erleben, was er versprochen hat:

»Siehe, ich stehe an der Tür und klopfe an; wenn jemand meine Stimme hört und die Tür öffnet, zu dem werde ich hineingehen und mit ihm essen, und er mit mir« (Offb 3,20).

Wie es dem verlorenen Sohn ergangen ist

Als wir das letzte Mal die Geschichte des verlorenen Sohnes lasen, hatte er sich gerade dazu entschieden, wieder zu seinem Vater zurückzukehren – auch wenn es bedeutete, als Diener für ihn zu arbeiten. Er war zu lange von zu Hause weg gewesen. Er wollte wieder Geborgenheit und Nähe spüren, egal was es kos-tete.

Das Leben des verlorenen Sohnes änderte sich in dem Moment, als er seine Lebensanschauung aus freien Stücken änderte. Mit einem großen Teil des Erbes seines Vaters in der Hand hatte er geglaubt, bis zum Lebensende problemlos davon leben zu können. Er hatte geglaubt, viele Freunde zu haben und beliebt zu sein. Er hatte nur das Beste erwartet. Und während er diese Dinge kurzfristig genießen konnte, waren sie doch kein Ersatz für das Leben mit seinem Vater. Schließlich kam er zur Vernunft und erkannte, welch treuer Versorger und guter Mensch sein Vater wirklich war. Er sehnte sich nach Hause.

Im weiteren Verlauf der Geschichte erfahren wir, *wie* seine Erwartungen sich änderten. *»Ich will mich aufmachen und zu meinem Vater gehen und will zu ihm sagen: Vater, ich habe gesündigt gegen den Himmel und vor dir, ich bin nicht mehr würdig, dein Sohn zu heißen, mach mich wie einen deiner Tagelöhner«* (Lk 15,18-19). Seine Gedanken drehen sich jetzt mehr um die Beziehung, als um seine materiellen Rechte und Privilegien. Schließlich kommt er zu der Erkenntnis, dass er ohne Beziehung eigentlich nichts hat.

Wir alle mussten uns schon einmal entscheiden, auf jemanden zuzugehen, um eine Beziehung wiederherzustellen. Wie waren wir unsicher, wie der andere sich verhalten würde. Daher fühlten wir uns ziemlich unwohl und unser Herz raste. Vielleicht hatte der verlorene Sohn die gleichen Gefühle, je näher er seinem Zuhause kam.

Wenn es so war, dann war diese Sorge umsonst. Die Geschichte erzählt weiter: »*Und er machte sich auf und ging zu seinem Vater. Als er aber noch fern war, sah ihn sein Vater und wurde innerlich bewegt und lief hin und fiel ihm um seinen Hals und küsste ihn zärtlich*« (Lk 15,20).

Hatte der Vater ihn schon von weitem erkannt? Oder hielt er Nachtwache? Hielt er am Horizont Ausschau nach ihm und wartete und hoffte auf den Tag, an dem sein eigensinniger Sohn wieder nach Hause finden würde? Ich denke, dass es so war. Der Sohn war der Gegenstand der Liebe seines Vaters. Zweifellos war der Sohn erstaunt über die Gnade und Barmherzigkeit seines Vaters. Es gab weder Probezeit noch Standpauke. Nur eine Feier.

In dem Moment, als der Sohn bereit war, war der Vater bereit ihn aufzunehmen. Und so ist es auch bei uns. In dem Moment, wo wir entscheiden, uns aufzumachen und die Tür zu öffnen, erkennen wir, dass Gott dort steht und bereit ist hereinzukommen. Diese Vereinigung wird unsere Seele niemals vergessen.

KAPITEL 7
BUßE UND VERTRAUEN
Neue Wege

»Damals fing man an,
den Namen des HERRN anzurufen.«
1. Mose 4,26

VERTRAUEN

Jeder Mensch möchte gebraucht werden. Dieses Gefühl ist untrennbar mit unserem Selbstwertgefühl verbunden. Wenn meine Frau Martie mich nicht brauchen würde und die *Harvest Bible Chapel* mich nicht brauchen würde und meine Kinder mich nicht brauchen würden, fehlte mir die treibende Kraft und mein Leben hätte so gut wie keinen Sinn. Tatsächlich geht es in den meisten tieferen Beziehungen darum, dass wir jemanden brauchen und dass wir gebraucht werden. Wenn wir vergessen, dass Menschen uns brauchen und wir sie, dann verlieren besondere Beziehungen ihre Vertrautheit.

Wir alle wollen gebraucht werden und jemanden kennen, den wir brauchen. Es gibt jedoch keine Beziehung, in der das so wichtig ist wie in der persönlichen Beziehung zu Jesus Christus. Wir brauchen ihn. Es gibt nichts und niemanden, der es mehr verdient als Jesus Christus, im Mittelpunkt unserer Abhängigkeit zu stehen und die einzige vollkommene Quelle für alles in unserem Leben zu sein. Umso merkwürdiger ist es, dass er draußen vor der Tür unseres Lebens steht und anklopfen muss, um hereingelassen zu werden.

Vertrautheit setzt voraus, dass wir Buße tun. Heimkehr bedeutet, dass man sich bewusst für eine Lebensänderung entscheiden muss; und zwar von einem Leben, das seine Zufriedenheit und Erfüllung in den oberflächlichen materiellen Dingen und flüchtigen Erfolgserlebnissen dieser Welt sucht, zu einem Leben, das sich auf die Person Jesus Christus konzentriert. Der Vers aus Offenbarung 3,19 ermahnt uns dazu, eigentlich befiehlt er es geradezu. Bevor Christus anklopft, sagt er: »*Ich überführe und züchtige alle, die ich liebe. Sei nun eifrig und tu Buße!*«

Wie sich eine innige Gemeinschaft entwickelt, steht und fällt damit, was wir unter Buße verstehen und wie wir Buße tun. Das griechische Wort für Buße im Neuen Testament ist *metanoia*. Der Begriff bedeutet: Umdenken, Sinnesänderung und die Abkehr von der bisherigen Lebensführung. Die natürliche Folge dieser Sinnesänderung ist eine Änderung der äußerlichen Handlungen und der inneren Haltung. Es bedeutet nicht nur, dass wir unsere Denkweise darüber ändern, was richtig ist oder was wir tun sollten, sondern es bedeutet auch eine vollkommene Sinnesänderung in Bezug auf unser ganzes Verhalten. Im *New International Dictionary of New Testament Theology* steht: »Jedes Mal, wenn jemand sein Denken und sein Leben ändert, bedeutet das auch, dass er seine eigene frühere Anschauung und sein Verhalten beurteilt.«[1]

Was bedeutet Buße?

Wenn die vertraute Gemeinschaft mit Gott von der Buße abhängig ist, was bedeutet es dann, sein früheres Verhalten neu zu beurteilen, sich davon abzukehren und eine neue Verhaltensweise anzunehmen? Erstens: Die besondere grammatische Form des Griechischen in Offenbarung 3,20 ist eindrucksvoll: Man nennt sie *Imperativ Aorist*. In diesem Vers bedeutet es, dass die Abkehr von der erbärmlichen Selbstständigkeit, die uns von Gott getrennt hat und in der wir uns selbst überlassen waren, eine Handlung ist, die in einem besonderen Moment unseres Lebens stattfindet und der Anfang eines vollständig neuen Weges ist.

Interessant ist, dass Nigel Turner in seinem Buch *Grammar of New Testament Greek* bemerkt: »Mit dem Gebrauch des *Imperativ Aorist* im Gegensatz zum Imperativ Präsens, wird eine schwerwiegende, ja sogar scharfe und unbarmherzige Aussage gemacht.«[2] Auf diese Art versucht Gott unsere Aufmerksamkeit zu bekommen. Der *Imperativ Aorist* an dieser Stelle bewirkt, dass wir gegen eine Wand geschleudert werden. Gott stellt sich uns in den Weg und gibt uns Gelegenheit, unser Denken zu ändern, damit wir einen neuen, besseren Weg in unserem Leben einschlagen. Wir sollen erkennen, wie abstoßend unsere Selbstständigkeit gewesen ist und wie die Macht der Einsamkeit unter der Oberfläche unserer Seelen lauert. Wir sollen nach Hause kommen. Damit unsere Beziehung zu Christus enger werden kann, sollten wir zu ihm umkehren. Er muss der Mittelpunkt unserer Herzen sein. Er ist die einzige und vollkommen verlässliche Quelle für Zufriedenheit und Erfüllung, Halt und Sicherheit in unserem Leben.

Schritte zur Buße

Um uns von der Einsamkeit im fernen Land abzuwenden, unsere Selbstständigkeit zu bereuen und uns auf den Nachhauseweg zu begeben, müssen wir vier Schritte tun.

1. Schritt: Prüfen Sie, welche alten Verhaltensmuster Sie von Gott trennen

Das bedeutet, dass wir uns drastisch mit unserer Gesinnung und unseren Entschuldigungen auseinandersetzen müssen. Wir müssen uns und anderen eingestehen, dass unser unabhängiges und selbstgefälliges Leben falsch war. Dieses Eingeständnis sollte ohne Einschränkung oder Entschuldigung gemacht werden.

Das erinnert mich an Paulus' klare und deutliche Aussage, wie er seine selbstsüchtigen Wege aufgab, um in vollkommener Abhängigkeit von Christus zu leben. In Galater 2,20 schreibt er: »*Ich bin mit Christus gekreuzigt.*« Wir haben schon immer dazu tendiert, das Kreuz zu verklären. Unsere Gesellschaft kann nicht erkennen, wie drastisch und endgültig mit der Sünde am Kreuz umgegangen wurde. Bei der Kreuzigung wurde auf äußerst brutale Art das Urteil über eine kriminelle Handlung verhängt.

Die Kreuze wurden nicht hoch aufgerichtet, so wie man es oft auf Bildern sieht. Die Füße des Gekreuzigten waren gewöhnlich nicht höher als ca. 70 cm über dem Boden, so dass die Leute dem Verurteilten in die Augen schauen konnten, um ihm zu sagen, wie sehr sie ihn und seine Tat verachteten. Es war Sitte, dass der Verurteilte erst vom Kreuz abgenommen wurde, nachdem man seine Beine gebrochen hatte, um sicher zu sein, dass der Auftrag richtig erledigt wurde.

Wir haben nicht nur die Kreuzigung verklärt, sondern auch den Tod Christi. Die Aussage, dass Christus unschuldig am Kreuz starb, ist richtig. Eigentlich haben *wir* den Tod verdient, aber er hat unsere Sünden selbst an seinem Leib an das Holz hinaufgetragen. In diesem Sinne war das Kreuz ein gerechtes und notwendiges Ereignis.

Für Paulus bedeutete Buße, dass er sein ganzes Leben als eine einzige kriminelle Tat betrachtete. Schonungslos und endgültig, sieht er sich selbst mit Christus ans Kreuz genagelt. Sie und ich werden erst dann mit Christus innige Gemeinschaft haben, wenn wir alle unsere Sünden, die uns von Christus trennen – und unser ganzes egoistisches, unabhängiges Verhalten und unsere Selbstzufriedenheit – mit ganzer Entschlossenheit mit ihm ans Kreuz nageln. Wir müssen uns unseren Sünden stellen, ihnen ins Auge schauen und sie wie etwas Kriminelles verachten. Diese Sünden haben unsere Seelen verwüstet und uns die Fähigkeit genommen, aus dem fernen Land nach Hause zu kommen, damit wir Christus in den Tiefen unserer Seelen begegnen können. Das ist echte Buße.

2. Schritt: Tun Sie beständig Buße

Das bedeutet, dass wir in einem immerwährenden Zustand der Buße leben.

Damit meine ich nicht, dass wir uns immer wieder vergangene Fehler und eigenes Versagen vorhalten müssen. Das wäre unsinnig und unnötig. Vor zweitausend Jahren kümmerte sich Christus um unsere Sünden, als er sie selbst an seinem Leib trug. Wenn wir versucht werden, immer wieder an das Leid und den Kummer zu denken, den unsere Sünden verursacht haben, sollten wir diesem Drang widerstehen und den Moment nutzen, um Gott für die wunderbare Befreiung von diesen Sünden zu danken.

Beständig Buße tun bedeutet, jeden Tag offen und ehrlich uns gegenüber zu sein, uns so zu sehen, wie wir wirklich sind und die kriminellen Elemente unseres Lebens, die unsere Seele von Jesus trennt, sofort ans Kreuz zu nageln.

Ich fühle mich erlöst und befreit, wenn ich jeden Tag neue Bereiche in meinem Leben finde, die ich dann voller Reue an das Kreuz nageln kann. Seitdem ich mich entschieden habe, mir täglich meine Schwachstellen zeigen zu lassen, hat Gott mir auch sofort gezeigt, wie ich diese Blockaden zwischen uns beseitigen kann.

Als ich zu Beginn meines geistlichen Amtes wesentlich mehr Freizeit hatte, beschäftigte ich mich an den freien Tagen mit dem Restaurieren von Antiquitäten. Am Anfang war es kein Hobby sondern eine Notwendigkeit, mit Martie durch die Antiquitäten- und Secondhandläden zu ziehen, um die Dinge zu kaufen, die uns gefielen und nach einer Restaurierung wertvoll würden.

Das Restaurieren von antiken Möbeln ist sehr bereichernd – nicht die harte Arbeit selbst, sondern die Schönheit des Produkts. Eigentlich ist es ein langer und schwieriger Prozess. Zu Beginn benutzt man starke Chemikalien, die die Haut wegätzen können oder sogar *high* machen – oder beides. Man beizt den alten Lack und alte Wachsreste ab, die sich im Laufe der Jahre angesammelt haben. Dann schleift man mit grobem Schleifpapier das Möbelstück gründlich ab. Nicht nur die Oberfläche ist wichtig, sondern auch die runden Stellen und Ritzen des Möbelstückes. Reparatur und Restaurierung der feinen Einzelheiten verleihen dem Stück seine endgültige Schönheit. Nachdem man das grobkörnige Sandpapier benutzt hat, wiederholt man den Vorgang mit wesentlich feinerem Schleifpapier, bis alles ganz glatt ist. Dann lackiert man das Möbelstück. Nachdem der Lack getrocknet ist, ist man noch nicht fertig. Jetzt muss man mit feinem Schleifpapier fast den ganzen Lack abschleifen. Dann wird wieder lackiert, mit noch feinerem Schleifpapier abgeschliffen, wieder lackiert und nochmals poliert. Jetzt kommt Stahlwolle zum Einsatz – am Ende hat man eine Oberfläche, die so glatt ist wie die Windschutzscheibe eines Autos. Jetzt trägt man eine weitere Lackschicht auf, die dann wieder poliert wird, dann eine weitere Lackschicht, die wiederum abgerieben wird, bis man schließlich ein Produkt hat, das die Schönheit des Originals widerspiegelt.

Das Restaurieren von guten Möbeln spiegelt wider, was Gott in unserem Leben mit uns tun möchte. Am Anfang tut es am meisten weh. Es hört nicht damit auf, dass wir uns von den offensichtlichen und abscheulichen Sünden abwenden, um unsere Seelen zu reinigen. Sondern es wird weiter abgeschliffen, lackiert, Stahlwolle eingesetzt, wieder lackiert und poliert – Schritt für Schritt, Schicht um Schicht, bis unser Leben anfängt, den strahlenden Glanz der Herrlichkeit Jesu Christi widerzuspiegeln.

Genau das ist die Bedeutung von »beständig Buße tun«. Und genau das meinte Paulus, als er sagte, dass er jetzt tot sei, nachdem alle kriminellen Elemente seines Lebens mit Christus ans

Kreuz genagelt wurden. Aber nicht *wirklich* tot, denn der auferstandene Jesus lebt jetzt in ihm.

Diejenigen, die sich nach inniger Gemeinschaft mit Jesus sehnen, warten nicht darauf, dass sie sich ihrer Sünden erst dann bewusst werden, wenn sie von Gott zurechtgewiesen werden oder wenn sich ihr Gewissen meldet oder wenn sie Angst vor den Folgen ihrer Übertretungen bekommen. Sie sind immer bereit, Buße zu tun und lassen es zu, dass Gott den noch so kleinsten und unscheinbarsten Makel abschleift. Diese Sünden würden wir kaum wahrnehmen, wenn wir nicht nach Christi Reinheit in unserem Leben streben würden.

3. Schritt: Entwickeln Sie ein Herz und einen Verstand, die Gottes Zurechtweisungen gerne annehmen

Manchmal muss Gott uns zurechtweisen, damit wir auf ihn aufmerksam werden. In Offenbarung 3,19 steht geschrieben: »*Ich überführe und züchtige alle, die ich liebe. Sei nun eifrig und tu Buße!*« Solange Gott uns liebt – und das dauert bis in die Ewigkeit –, wird er uns überführen und züchtigen, uns anstoßen und erziehen, damit wir eine persönliche und ungehinderte Beziehung zu ihm haben können. Um für diese Zurechtweisungen offen zu sein, müssen wir aufhören, defensiv zu reagieren. Wir müssen aufhören, uns selbst zu entschuldigen, uns mit anderen zu vergleichen, und wir müssen der Versuchung widerstehen, uns als Opfer zu fühlen anstatt als Menschen, die für ihr Leben Verantwortung übernehmen.

Wir werden, wie schon früher in diesem Buch besprochen, von Menschen überführt, die uns nahe stehen, wie Familie und Freunde, oder es geschieht durch äußere Umstände wie durch die Folgen der Sünde. Gott überführt unser Gewissen durch das

Wirken des Heiligen Geistes und indem sein Wort in unseren Herzen wirkt. Wenn wir gelernt haben, immer wieder Buße zu tun, dann haben wir unser Herz auf die Stimme Gottes eingestellt, auch wenn sie leise ist.

Wir sind bereit, uns von ihm überführen und zurechtweisen zu lassen.

4. Schritt: Machen Sie Reinheit und Lauterkeit zum wichtigsten Lebensziel

Wenn wir nur ein wenig von der Heiligkeit Gottes begriffen haben, dann wird uns bewusst, dass Gott sich in seinem Wesen, seinem Tun und seiner Haltung von uns gefallenen Geschöpfen vollkommen unterscheidet. Während wir nur durch das vollbrachte Werk Jesu Christi am Kreuz das Vorrecht bekommen haben, in der Gegenwart des einen heiligen Gottes zu stehen, öffnet nur ein reiner und lauterer Lebenswandel die Tür zu einer ungehinderten Gemeinschaft mit Gott.

Auch wenn wir Reinheit und Lauterkeit oft mit moralischem Verhalten in Verbindung bringen, dürfen wir nicht vergessen, dass auch unsere Motive rein und lauter sein sollen. Reine und lautere Beweggründe beginnen damit, dass unser ganzes Tun aus Liebe zu Christus geschieht. Das bedeutet, dass all unser Tun für ihn und zur Verherrlichung seines Namens geschieht.

Es gibt auch eine Reinheit der Sprache – was wir sagen und wie wir uns ausdrücken, sollte wahr, lauter und gerecht sein (Spr 25,11; Kol 4,6).

Es gibt reine und lautere Gedanken (Phil 4,8).

Es gibt reine und lautere Absichten (1Tim 6,6-11).

Es gibt reine und lautere Gefühle (Ps 42,1-2).

In den Seligpreisungen betont Christus, dass Aufrichtigkeit und innige Gemeinschaft mit Gott zusammengehören. Er lehrte: *»Glückselig, die reinen Herzens sind, denn sie werden Gott schauen«* (Mt 5,8). Das Wort *schauen* bedeutet hier buchstäblich »immer sehen«. Das ist eine Tatsache. Die Reinheit, die durch die beständige Buße in unseren Herzen geschmiedet wird, vertreibt den Dunst und Schmutz, die den Blick auf Gott trüben.

Dies sind die vier Schritte eines bußfertigen Herzens, die uns befähigen, unseren Blick ohne Scham und Heuchelei auf Christus zu richten. Ein Mensch, der in seinem Leben immer wieder bereit ist, Buße zu tun, der stimmt in seinem Herzen mit dem Psalmisten überein, der sagte: *»Ich sprach: HERR, sei mir gnädig! Heile meine Seele, denn ich habe gegen dich gesündigt«* (Ps 41,5).

Mich beeindrucken die Schlussworte des 139. Psalms, wo David in einem außergewöhnlich schwachen Moment den Herrn bittet, von seinem innersten Wesen ein permanentes geistliches EKG zu machen. Er bittet Gott mit diesen Worten:

»Erforsche mich, Gott, und erkenne mein Herz. Prüfe mich und erkenne meine Gedanken!
Und sieh, ob ein Weg der Mühsal bei mir ist, und leite mich auf dem ewigen Weg« (Verse 23-24a).

Obwohl die meisten von uns jene Worte kennen, müssen sie auch Worte unseres eigenen Herzens sein, wenn unsere Seele das Glück der engen Beziehung zu Jesus Christus genießen soll. Ich finde an dieser Bitte des Psalmisten am Interessantesten, dass er sich nach seiner Buße dazu entschieden hat, seinem Leben eine neue Richtung zu geben. Er entscheidet sich, Gott vollkommen zu vertrauen. Er sagt: *»Und leite mich auf dem ewigen Weg«* (Vers 24b).

Starke Abhängigkeit

Wie wir gesehen haben, ist oft unser Streben nach Eigenständigkeit die Ursache dafür, dass Christus draußen vor der Tür steht und anklopft. Die Menschen in Laodizea dachten, sie brauchten nichts, weil sie alles hatten. Aber Christus sagt ihnen ganz klar, dass sie, wenngleich sie sich für reich hielten, in Wirklichkeit elendig, bemitleidenswert, arm, blind und bloß seien (Offb 3,17). Jesus rügt sie, bietet ihnen aber zugleich auch ein Gegenmittel für ihre einsame Seele an. Er fordert sie auf, sich von ihrem Konsumverhalten abzuwenden, und lädt sie ein, zu ihm umzukehren. Er spricht in der Handelssprache zu ihnen: »*Ich rate dir, von mir zu kaufen*« (Vers 18). Er bittet sie, zu ihm zu kommen wie in einen Laden, wo man alles bekommt, was man braucht.

Das Erste, was er den Christen in Laodizea aus der Fülle seiner Fürsorge anbietet, ist »*im Feuer geläutertes Gold*« zu kaufen (Vers 18). In jenen Tagen bedeutete Gold absoluter Reichtum, mit dem man alles, was man wollte und brauchte, kaufen konnte. Christus sagt, dass er die vollkommene Quelle für alles ist, was wir brauchen und uns wünschen. Eigentlich sagt er, dass wir erst wirklich reich sind, wenn wir das reine Gold haben, das er anbietet.

Zweifellos waren die reichen Menschen in Laodizea mit Modetrends und den alljährlichen großen gesellschaftlichen Ereignissen beschäftigt, wo sie versuchten, sich gegenseitig zu übertreffen. Einer wollte schöner sein als der andere. Daher fordert Jesus sie auf, von ihm »*weiße Kleider zu kaufen, damit du bekleidet wirst und die Schande deiner Blöße nicht offenbar werde; und Augensalbe, deine Augen zu salben, damit du siehst*« (Vers 18). Christus reinigte diese weißen Kleider durch sein vollbrachtes Werk am Kreuz. Was Christus hier anbietet ist Reichtum in ihm selbst und die Freude seiner Reinheit.

Dann sagt er ihnen, dass er ihnen Augensalbe verkaufen will, damit sie richtig sehen können (Vers 18). Diese Aussage bezieht sich zweifellos auf die Tatsache, dass Jesus Christus uns befähigt, unsere Taten und Pläne richtig und genau zu beurteilen, wenn wir uns vollkommen auf ihn verlassen.

Bevor wir uns die Schritte anschauen, die uns dabei helfen, Jesus vollkommen zu vertrauen, lassen Sie uns noch einmal die tragische Geschichte Kains in Erinnerung rufen, als die ganze Menschheit in den Abgrund des Verrats und der Verzweiflung gestürzt wurde. Wir verließen Kain und all jene, die ihm folgten und somit hoffnungslos allein und von Gott getrennt waren. Gott sei Dank fingen die Menschen am Ende von 1. Mose an, sich von ihrem grausamen und hoffnungslosen Selbstvertrauen (1Mo 4,23-24) zu lösen, um Gott kompromisslos zu vertrauen.

Wir erfahren, dass Adam und Eva noch ein weiteres Kind bekamen. Sein Name war Set, denn Eva sagte: »*Gott hat mir einen anderen Nachkommen gesetzt an Stelle Abels, weil Kain ihn erschlagen hat*« (Vers 25). Dann erzählt die Bibel weiter, dass Set einen Sohn bekam, den er Enosch nannte. An dieser Stelle vollzieht sich ein drastischer Wandel in der Geschichte über den frühen Abfall der Menschheit. Diesen Wandel müssen wir alle vollziehen, wenn wir uns von der Herrschaft der Einsamkeit und ihren Folgen frei machen wollen. Solch eine strategische Kehrtwende beginnt mit der Überzeugung, dass wir Gott brauchen und dass unser Leben, getrennt von ihm, sich in die falsche Richtung entwickelt. Der Text sagt, dass der Name des Kindes Enosch war, weil mit seiner Geburt ein Wechsel stattfand, nämlich vom Selbstvertrauen zum Gottvertrauen. Denn es heißt: »*Damals fing man an, den Namen des HERRN anzurufen*« (Vers 26).

»*Den Namen des Herrn anrufen*« bedeutet, dass wir unsere Abhängigkeit von ihm anerkennen. Man bekennt seine Abhängigkeit. Den Namen des Herrn anrufen heißt, nicht mehr dem eigenen Selbst zu vertrauen, sondern Gott, von der eigenen Unabhängigkeit hin zur Abhängigkeit von Gott gelangen; von einem selbstbestimmten Leben zu einem von Gott bestimmten Leben; von der Einsamkeit zur innigen Gemeinschaft.

Genau an dieser Stelle beginnt Gemeinschaft. Nach der Buße, ist die Abhängigkeit der nächste Schritt, um Gott näher zu kommen.

Es sollte noch erwähnt werden, dass Gottes Volk auch als *»das Volk, das den Namen des Herrn anruft«* bekannt war, bevor man sie Hebräer oder Christen nannte.

Um diese Gesinnung zu entwickeln, muss man mit einer genauen Selbstanalyse beginnen. Abhängig zu sein, bedeutet, dass ich schwach bin, wenn ich verlassen bin und jemanden brauche, auf den ich mich voll und ganz verlassen kann. Ich glaube fest und immer daran, dass ich Gott brauche.

Es ist interessant, dass der Name *Enosch* eigentlich »Mensch«, mit dem Nebenbegriff »schwach, hinfällig« bedeutet. H. C. Leupold schreibt in seinem Kommentar zu 1. Mose:

»Wir sind fest davon überzeugt, dass Enosch ›der Schwache, der Sterbliche‹ bedeutet. Set war so bewegt von der Schwachheit des sterblichen Menschen, dass er seinem Sohn einen Namen gab, der diese Tatsache ausdrückte. Dieser Name drückt jedoch weder Pessimismus noch Entmutigung aus, sondern er ist Ausdruck für die tiefe, unverblümte Wahrheit. Die nächsten Verse zeigen weiter, was seine Familie tat, als sie erkannten wie schwach und hinfällig sie waren: Sie fingen an, voller Sehnsucht den Namen des Herrn anzurufen und im Gebet ihn zu suchen.«[3]

C. F. Keil und F. Delitzsch betonen, wie wichtig diese Aussage ist, wenn sie schreiben: »Schwach, ohnmächtig, hinfällig sein, bezeichnet den Menschen in seiner Ohnmacht, Hinfälligkeit und Sterblichkeit. In diesem Namen spricht sich also Gefühl und Erkenntnis der menschlichen Ohnmacht und Hinfälligkeit aus (das Gegenteil des Übermuts und Trotzes, die in Kains Geschlecht waren) und dieses Gefühl trieb hin zu Gott.«[4]

Girdlestone fügt hinzu: »Schon in frühen Tagen war der Name Jahwe der Inbegriff für die Hoffnung der menschlichen Rasse, die im Opfer und im Gebet zum Ausdruck kam.«[5] Innige Gemeinschaft beginnt mit dem Schritt, Gott vollkommen zu vertrauen, und wird in der Anbetung Gottes und der eigenen Kapitulation konkret.

So vieles wirkt diesem Schritt entgegen. Wir müssen einen Wandel vollziehen, und zwar vom Stolz zur Demut. Wir müssen von gesellschaftlicher Stellung, Geschenken, Wohlstand, persönlichen Fähigkeiten und Begabungen wegsehen, um zu erkennen, dass wir ihn brauchen. Alles Glück, das wir getrennt von Gott haben, ist nur eine Farce, eine Maske, die unsere echte Not überdeckt. Umgekehrt bedeutet das: Wenn wir alles, was wir haben, Gott übergeben, wird das auf ewig zum Guten dienen.

Die schlimmste Täuschung im Leben ist der Gedanke, dass wir nicht schwach sind – dass wir alles allein schaffen können. Das Lied von Annie S. Hawkes beschreibt dies sehr gut:

»Ich brauch dich, O ich brauch dich
Jesu, ja, ich brauch Dich
Ich muss dich immer haben,
Herr, segne mich.«

J. R. MacDuff betet in seinem kleinen Buch *Morning and Night Watches*:

»Ich komme zu dir in aller Schwachheit. Ich will mich freuen und frohlocken allein in der Fülle Jesu. Ich komme zu dir, du allmächtiger Erlöser, ›so wie ich bin und ohne etwas zu bitten.‹ Nur du sollst meine Zuversicht sein. Ich werfe mich mit all meiner Schuld für immer und ewig zu deinen Füßen ... Ich selbst bin schwach ... Alles, was ich habe, ist mein Vertrauen auf dich, mehr brauche ich nicht. Jesus, ich gehöre ganz dir. Ich möchte nicht auf mich und meine Verzweiflung und Bestürzung schauen, sondern lass mich mit ungeteiltem und unbeirrbarem Glauben auf dich und dein Opferblut schauen. Und während ich wie ein Kind im vollbrachten Werk Jesu Ruhe finde, kann ich darauf vertrauen, dass er es in allem gut mit mir meint. Ich glaube, dass der Hirte Israels mich niemals auf falschem Wege leitet und dass sein Weg der sicherste und beste für mich ist. Herr, geh du mir in meinem Leben voran und schenke mir deine Weisheit. Nimm mich bei der Hand – führe mich –, gebrauche mich, da du es gut meinst.«[6]

Mit diesem Vertrauen beginnt eine innige Gemeinschaft mit Gott. So wie Jakobus schrieb, müssen wir uns zuerst Gott nahen, wenn wir erwarten, dass er sich uns naht (4,8). Wenn wir ihn mit unserem Selbstbewusstsein und Selbstvertrauen auf Armlänge von uns halten, entfernen wir uns nur immer mehr von ihm.

Wer klopft da an Ihre Tür? Tun Sie Buße und vertrauen Sie. Gehen Sie das Risiko ein, öffnen Sie die Tür und er wird hereinkommen. Und wenn er hereinkommt, dann nimmt er Verbindung mit uns auf. *»Ich werde hineingehen und mit ihm essen, und er mit mir«* (Offb 3,20). In der Gesellschaft zur Zeit des Neuen Testaments war das gemeinsame Essen die Gelegenheit, wo sich enge Freundschaften entwickelten. Darum waren die Pharisäer so verärgert, als Christus zum Essen eingeladen wurde und –

schlimmer noch – diese Einladungen annahm, um mit Menschen der schlimmsten Sorte in jener Zeit zu essen. In Lukas 15,2 drücken die Pharisäer ihre Verachtung für Jesu Verhalten aus. Sie sind empört und verärgert, weil Christus nicht nur mit Sündern Gemeinschaft hat, sondern auch *»mit ihnen isst«*. Wenn Christus hereinkommen und mit uns essen möchte, ist das sein Angebot an uns, mit ihm eine innige Freundschaft zu beginnen. Er möchte hereinkommen und Verbindung mit uns aufnehmen.

Eine Beziehung eingehen geschieht nicht rein zufällig. Wir nehmen nicht einfach nach Lust und Laune zu jemandem Verbindung auf. Wie wir sehen werden, gibt es besondere Gelegenheiten, wo wir mit Jesus Christus eine tiefe innige Freundschaft entwickeln können.

Kontaktaufnahme ist auch keine passive Sache. Christus macht den ersten Schritt, wenn er an die Tür klopft. Wir entscheiden uns zu öffnen und heißen ihn willkommen, Gemeinschaft mit uns zu haben. Es ist noch nie eine Beziehung zustande gekommen, wenn nur eine Person die Initiative ergriffen hat und die andere passiv geblieben ist. In den fast vierzig Jahren meiner Ehe habe ich erfahren, dass gewöhnlich etwas Schlimmes passiert, wenn ich die Beziehung vernachlässige. Ich hätte gerne fünf Dollar für jedes Mal, wenn meine Frau Martie mich gefragt hat: »Joe, hast du mir überhaupt zugehört?« Immer wenn sie versucht hat, meine Aufmerksamkeit zu erlangen, war ich entweder total mit der Gemeinde, Sport oder meinen Terminen beschäftigt. Die größte Gefahr droht mir, wenn sie redegewandt alle Register zieht, um mich zu entlarven und schließlich die Frage stellt: »Wie hältst *du* denn davon?« Sie möchte jetzt meine Meinung hören, und wenn ich nicht zugehört habe, bin ich dran! Gewöhnlich versuche ich, mich mit der Antwort zu retten: »Na ja, das hörte sich interessant an. Was meinst denn du?« Das funktioniert aber selten.

Will man von einem passiven christlichen Glauben zu einer aktiven innigen Beziehung kommen, muss man immer wieder Buße tun und sich dafür entscheiden, Gott vollkommen zu vertrauen.

Wie es mit dem verlorenen Sohn weiterging

Die Rückkehr des verlorenen Sohnes war ein wunderbar dramatisches Ereignis für den Vater und den Sohn. Der Vater konnte seine Gefühle nicht verbergen. Er zeigte seine überströmende Liebe, als er ihn umarmte und küsste. Und der Sohn hatte alle Schritte durchlebt, die wir in diesem Kapitel untersucht haben:

- Zuerst änderte er seine Gesinnung und sein Verhalten, die ihn in die Ferne gelockt hatten.
- Er tat ernsthaft Buße.
- Er hatte ein feines Gespür für die Zurechtweisungen im Leben.
- Er entschied sich zu einem lauteren und reinen Leben.

Es ist offensichtlich, dass der Sohn es ernst meinte und demütig geworden war:

»*Der Sohn aber sprach zu ihm:* ›*Vater, ich habe gesündigt gegen den Himmel und vor dir, ich bin nicht mehr würdig, dein Sohn zu heißen.*‹ *Der Vater aber sprach zu seinen Sklaven:* ›*Bringt das beste Kleid her und zieht es ihm an und tut einen Ring an seine Hand und Sandalen an seine Füße; und bringt das gemästete Kalb her und schlachtet es, und lasst uns essen und fröhlich sein! Denn dieser mein Sohn war tot und ist wieder lebendig geworden, war verloren und ist gefunden worden.‹ Und sie fingen an, fröhlich zu sein«* (Lk 15,21-24).

Das waren optimale Voraussetzungen für eine innige Beziehung, für echte Freude und für einen Neuanfang.

KAPITEL 8

VERBUNDENHEIT

Hinwendung zu Gott

»Am Morgen zu verkünden deine Gnade,
und deine Treue in den Nächten.«
Psalm 92,3

Ich muss gestehen, dass die Technik mich vor eine Herausforderung stellt.

Als wir vor mehreren Jahren in ein neues Haus zogen, kaufte ich eine topmoderne Stereoanlage. Ich liebe Musik. Ich liebe sie laut, leise oder gewaltig. Ich liebe die ganze Bandbreite – ob Jazz, Blues, Soft-Rock, Country-Musik, Pop oder Klassik – das hängt von meiner Gemütsverfassung ab. Ich liebe jede Art von Musik. Also kauften wir eine jener Anlagen mit hochentwickelten Abstufungen für Lautstärke, Balance und Ton. Aufgeregt kam ich mit meinen Paketen nach Hause und packte die einzelnen Teile des Zubehörs aus. Es war alles da – Kabel und so weiter. Aber ich war noch nicht weit mit meinem Vorhaben gekommen, da lag ich zusammengekrümmt in Embryonalstellung unter meinem Schreibtisch, hilflos und vollständig in Kabel verwickelt! Ich kapiere diesen technischen Kram einfach nicht.

Ich glaube, im geistlichen Sinn geht es uns ganz ähnlich. Gott hat uns erschaffen, erlöst und uns alles gegeben, was wir für eine enge Beziehung mit ihm brauchen. Aber obgleich wir die nötige Ausstattung haben, die uns die Verbindung mit der Schönheit und Harmonie seiner Herrlichkeit ermöglicht, damit diese uns ganz erfüllen möge – wir schaffen es irgendwie doch nie. Geistlich gesehen stehen wir vor einer Herausforderung.

Eine innige Beziehung zu Gott erfordert, dass wir mit Christus verbunden sind. Der Vorgang dieses »Verbindens« folgt einem bestimmten Muster. Es ist nicht genug, dass man alle Kabel hat. Man muss sie an den richtigen Stellen anschließen – erst dann funktioniert es.

Verbundenheit durch das Gebet und Gottes Wort

Wie treten wir in Verbindung mit Gott? Ich kann hören, was Sie jetzt denken: *»Das schon wieder – wetten, dass er übers Bibellesen und Beten spricht!«* Sie haben richtig geraten – das steht ganz oben auf meiner Liste. Wie sonst sollten wir eine enge Verbindung mit Gott eingehen, wenn nicht durch eine stetige Kommunikation mit ihm?

Es ist wie bei dieser alten Geschichte von der Frau, die ihren Ehemann zum Therapeuten schleppte und sich darüber beklagte, er sage ihr nie, dass sie liebe. Worauf der erstaunte Ehemann sich zu seiner Frau umwandte und darauf reagierte: »Als wir heirateten, habe ich dir gesagt, dass ich dich liebe – wenn sich das jemals ändern sollte, lasse ich es dich wissen.«

In der Ehe erreicht man niemals Innigkeit ohne stetige, liebevolle Kommunikation. Und Christen erreichen keine innige Verbindung mit Gott, wenn sie sich nicht ein Verhaltensmuster aneignen, das auf regelmäßigen Gesprächen mit ihm basiert.

Martie und mich beschäftigt die Sache mit der Ehe seit vielen Jahren. Unser Leben und das geistliche Amt waren hektisch und oftmals bestimmt von Ereignissen, Notfällen und dem Druck und Stress, den die Verantwortung des geistlichen Amtes mit sich bringt.

Meine Arbeit im Dienst des Herrn führt mich oft von zu Hause weg. Martie und ich haben festgestellt, dass man auf die Distanz hin leicht unabhängig voneinander wird. Jeder richtet sich seine persönlichen Tagesabläufe, seine tägliche Routine ein. Und wenn meine Abwesenheit entsprechend lang war, gibt es danach eine Phase der Anpassung, in der es zu Spannungen kommen kann. Das war ganz besonders so, als unsere Kinder klein waren. Wenn ich weg war, hatte Martie allein das Sagen in unserem Reich. Und alle gewöhnten sich daran. Bis ich dann wieder nach Hause kam! In der Tat kam ich nach Hause und glaubte, alles sei so wie immer, alles würde sich fügen und sich wieder um mich drehen – aber da war ich im Irrtum!

Ganz ähnlich ist es mit unserer Beziehung zu Gott. Wenn es um eine innige Beziehung zu Gott geht, dann bewirkt eine Abwesenheit kein zärtlicheres Herz. Es erwächst daraus eher eine zunehmende Distanz. Zeiten der Abwesenheit vom Zwiegespräch mit Gott – vom Gebet und seinem Wort – stärken die Sünde und die Selbstgerechtigkeit und machen die Rückkehr mühevoll und schwierig. Wir kommen nicht nur aus der Übung, sondern entwickeln – durch den Mangel an göttlicher Energiezufuhr – außerdem Unabhängigkeit sowie Denk- und Verhaltensmuster, die sich alsbald erschwerend auf das Zurückkehren auswirken. Wenn wir eine innige Beziehung zu Gott haben wollen, sollte unserem Herzen ein stetiges Beten und Loben entströmen, und sein Wort sollte uns ganz in Anspruch nehmen.

Es ist von entscheidender Bedeutung für unsere Verbundenheit mit Gott, dass wir die Bibel lesen, darüber nachdenken und sie studieren. Wann ist nun die beste Zeit, dass wir uns mit Gottes Wort befassen?

Für manche ist es der Morgen. Mein Freund Ravi Zacharias, ein begabter Prediger und Apologet, schreibt:

»Meine Frau und ich pflegen seit Jahren jeden Sonntagmorgen auszugehen, um miteinander zu frühstücken. Neulich sagte ich zu ihr: ›In meinem Leben sind in den letzten Monaten so viele Dinge geschehen, für die ich Gott Dank schulde; mit das Wichtigste davon sind die frühen Morgenstunden mit Gott, die ich wiederentdeckt habe.‹ Ich weiß, nicht jeder mag die frühen Morgenstunden, ich mag sie auch nicht. Aber seien wir ehrlich: Jeden Tag bricht eine Flut von Gefühlen über uns herein, Gefühl von Enttäuschung, vielleicht Verletzung oder ein Hin-und-hergerissen-Sein, womöglich sind es auch Streitigkeiten oder Kämpfe. Die beste Art, die ich kenne, um sich für den kommenden Tag zu wappnen, ist das Herz zuzurüsten – und zwar als Erstes am Morgen, bevor die Hektik des Tages hereinbricht – und Gott zu deinem Herzen sprechen zu lassen, bevor du irgendetwas anderes anfängst. Wenn ich morgens die Bibel studiert habe (und ich sage das mit Gott als meinem Zeugen), dann sind die nächsten anderthalb bis zwei Stunden diejenigen, die ich täglich am meisten genieße. Ich gehe im Zimmer auf und ab und lese sein Wort. Ich werde vertrauter mit meinem Herrn. Und nach all diesen Jahren, da ich gläubig bin, komme ich zu dem Schluss, dass die besten Tage diejenigen sind, an denen ich als Erstes in der Frühe Gottes Stimme gehört habe. ›Lass mich am Morgen hören deine Gnade‹, sagt der Psalmist. Mein lieber Freund, wenn du einmal den Sieg über die Gefühle erfahren willst, dann versuche Folgendes: Geh in der Frühe und suche ihn, so dass er dein Herz zurüstet. Wenn du es nicht tust, dann haben dich deine Gefühle schon nach einem halben Tag ganz zermürbt und du agierst nur noch impulsiv anstatt mit der Unverletzlichkeit eines durch Gott gestärkten Herzens.«[1]

Wir alle haben bestimmte Tageszeiten, zu denen wir leistungsfähiger sind, und es ist wichtig, dass wir die Stille Zeit mit Gott dann haben, wenn wir in bester Verfassung sind. Ich bin zufällig ein Frühaufsteher, also ist der Morgen für mich am besten. Ich stehe ganz früh auf, wenn alles noch dunkel ist und bevor sich etwas im Haus regt, denn das ist für mich die beste Zeit, Gott zu begegnen.

Martie und ich machen uns darüber lustig (ich übertreibe), dass sie morgens Hirnzelle für Hirnzelle aufweckt – und auch erst dann, wenn sie eine Tasse Kaffee in der Hand hält! Für sie ist es am besten, wenn sie am Vormittag Gott begegnet, wenn ich schon ins Büro gegangen bin und Ordnung in ihr Leben eingekehrt ist. Aber für andere ist vielleicht mittags die beste Zeit. Und wieder andere finden es womöglich nachts um elf am besten, Gott nahe zu sein. Wann auch immer das ist, es ist wichtig, Gott unsere beste Zeit zu reservieren. Auch müssen wir darauf achten, dass dies nicht zu einer zwanghaften Angelegenheit wird. Wenn wir an einem Tag keine Zeit mit Gott haben, sollten wir uns deswegen nicht schuldig fühlen. Eine innige Beziehung zu Gott ist nämlich mehr als ein halbstündiges Unterrichtsfach. Es bedeutet, dass wir den ganzen Tag über ständig zusammen mit ihm gehen. Wenn wir aber drei oder vier Tage lang unsere Zeit mit Gott verpassen, dann macht uns das vielleicht Schwierigkeiten.

Zwei Psalmen veranschaulichen auf wunderbare Weise, welchen Raum das Beten und die Nähe zum Wort Gottes in unserem Leben einnimmt.

In Psalm 1 lesen wir von dem Glück, der Versorgung und der Geborgenheit, die Gottes Wort in unser Leben bringt. Der Psalmist berichtet, dass er mehr Freude habe am Gesetz des Herrn, als dem Rat der Gottlosen zu folgen, und deshalb sei sein Leben wie ein Baum, der an Wasserbächen gepflanzt sei, der Frucht bringe zu seiner Zeit und dessen Laub nicht verwelke. Alles, was er tue, gelinge ihm. Der Gegensatz zu den Gottlosen ist klar. In ihrer Verlassenheit sind sie wie die Spreu – die wertlose äußere Hülle des Weizenkorns, die liegen bleibt und vom Wind weggeblasen wird.

Das Wort für den Zustand derer, die in Gottes Wort aufgehen, ist *glücklich* oder *gesegnet*. Der Psalmist beginnt den Psalm mit den Worten: »*Glücklich der Mann*«. Glücklich, weil er die Befriedigung erlebt, die von einem geordneten Leben ausgeht, das von Gottes Wort geleitet wird. Es ist das Glück eines Lebens, das Sinn und Bedeutung hat, das sauber und geordnet ist und das von einem Plan gelenkt wird, der letztlich zur Erfüllung führt. Die Möglichkeiten liegen in diesem Psalm klar auf der Hand: Unser Leben wird entweder von der gottlosen Welt, in der wir leben, beeinflusst oder von Gottes Wort, das unser Leben überreichlich beschenkt.

In Psalm 13 geht es um Kraft und Halt, die sich im Gebet einstellen. Zu Beginn dieses Psalms scheint David ganz in seinem Kummer aufzugehen. Er klagt, Gott habe ihn vergessen und ihn in einer katastrophalen Situation zurückgelassen (2-5). Dann aber wendet er sein Herz Gott zu (6). Am Ende dieses kurzen Psalms hat Gott ihn zwar nicht erlöst, stattdessen aber hat er inmitten der Verzweiflung seine Seele mit Freude erfüllt (6). David hat einen der bedeutungsvollsten Aspekte des Gebets erfahren, und das ist nicht die *Erhörung* des Gebets, sondern die *Art und Weise*, wie das Gebet uns den Himmel aufschließt, damit wir Gott in seiner Wirklichkeit sehen und in einem tiefen, unerschütterlichen Vertrauen auf das Wesen Gottes leben können. Wenn David am Ende des Psalms anlangt, ist seine Verzweiflung in Freude verwandelt, und er ruft aus:

»Ich aber, ich habe auf deine Gnade vertraut; mein Herz soll frohlocken über deine Rettung. Ich will dem HERRN singen, denn er hat wohlgetan an mir« (13,6).

Mit Gott sprechen: persönliche Zeugnisse

Wenn ich in der stillen Zeit meines persönlichen Bibelstudiums und des Gebets die Verbindung mit Gott suche, haben sich einige Methoden als hilfreich erwiesen.

Als Erstes muss ich das Bibelwort lesen – als eine persönliche Begegnung mit Gott. Für mich kann das nicht nur eine Übung aus einem Programm sein, wie »In einem Jahr durch die Bibel«, bei dem ich darauf achten muss, jeden Tag ein Kapitel zu lesen – oder irgendeine ähnliche Aufgabe, die ich zu erfüllen versuche.

Anhand der Schrift mit Gott in Verbindung zu treten ist genau das: sich persönlich mit Gott *verbinden*. Während einer jeden Begegnung kann ich etwas entdecken, was er mir sagt, etwas, das auf mein Leben zutrifft. Meiner Erfahrung nach muss ich lesen, bis Gott mich auf eine wirkliche Art direkt anspricht. Wenn das schnell geschieht, brauche ich eigentlich nicht weiterzulesen, auch wenn ich es möchte. Und wenn es mehr Zeit braucht, als ich geplant habe, dann muss ich dem Wort Gottes weiter folgen, bis etwas meine Seele, mein Herz und meinen Verstand berührt.

Und dann finde ich wichtig, dieses Wirken von Gottes Wort festzuhalten, so, dass ich es den ganzen Tag über bei mir haben kann. Wenn ich diesen Gedanken auf einen Zettel schreibe und ihn in meine Tasche stecke, in mein Portmonee oder meine Brieftasche, sodass ich während des Tages immer wieder darauf stoße, dann ist mir das eine große Hilfe, das Thema in meinem Herzen wach zu halten. Es hilft auch, sich ab und zu einen Schlüsselvers einzuprägen oder daraus ein kurzes, einprägsames Gebet zu machen, das man den ganzen Tag über vor Gott bringen kann.

Zum Zweiten halte ich es für hilfreich, Gottes Wort in Bezug auf die Begriffe zu lesen, mit denen es sich selbst beschreibt. Dies richtet mich aus auf das, was Gott mit mir vorhat. Er hat uns gesagt, sein Wort ist ...

- ein *Spiegel*: Deshalb lese ich es, damit ich mich sehe, wie ich wirklich bin im Lichte dessen, was der Text sagt.
- ein *Same*: Ich lasse es zu, dass das Wort tief in meinem

Herzen eingepflanzt wird und stelle mir dann vor, wie die Frucht sein wird, wenn ich den Samen hege und pflege.

- ein *Schwert*: das zweischneidige Schwert durchdringt alles Äußerliche und legt die verborgenen Geheimnisse und Beweggründe offen. Bei diesem Bild ist es wichtig, dass ich das Wort dort schneiden lasse, wo es will, und den Eingriff über mich ergehen lasse und mich ehrlich dazu bekenne.
- eine *Lampe*: Sie gibt mir in der Finsternis des Lebens Orientierung und zeigt mir den Weg.
- *Brot* für meine Seele: In dieser Bedeutung brauche ich das Wort Gottes, damit es meine Seele ernährt, wenn ich es lese. Es soll mich sättigen, nicht nur informieren. Wenn deine Seele berührt wird von einer Wahrheit, einer Ermutigung, einem Trost, Vorwurf oder einer Erkenntnis durch das Wort Gottes – dann ist das ein Augenblick der Sättigung.

Als Drittes ist es mir eine Hilfe, wenn ich das, was Gott mir von seinem Wort für den Tag mitgegeben hat, mit einem vertrauten Freund teilen kann. Das ist besonders gewinnbringend, wenn der Freund jemand ist, der auf der gleichen Wellenlänge ist wie ich selbst. Praktische Erkenntnis fürs Leben teilen – das kann ein starkes Instrument sein, um Verbundenheit zu bewirken, nicht nur mit Gott, sondern auch mit Freunden, deinem Ehepartner und deinen Kindern.

Zum Vierten variiere ich oft die Art, wie ich an die Bibel herangehe. Eine Zeitlang lese ich jeden Tag vielleicht zwei oder drei Psalmen und die Tageslese. Dann wieder studiere ich ein bestimmtes Thema (wie zum Beispiel Freundschaft, Geld, Liebe, Reue oder Vergebung), indem ich meine Konkordanz benutze. Das kann sehr aufschlussreich sein, besonders wenn ich mich mit einem Bereich befasse, bei dem ich in meinem eigenen Leben auch gerade Schwierigkeiten habe. Die Biografien der Gläubigen im Alten Testament sind voll mit Anregungen und Beispielen, wie man mit Gott in Verbindung treten kann. An einem anderen Tag kann es mir von Nutzen sein, wenn ich ein kurzes Buch im Neuen Testament durchlese. Wie auch immer Sie vorgehen, sehen Sie in Ihrem Bibelstudium nicht eine Pflicht, und verlieren Sie sich nicht in unechten Zielen. Wie in jeder Beziehung ist die Kommunikation am anregendsten, wenn wir nicht immer und immer wieder über dasselbe reden. Am besten ist es, wenn sich das Gespräch um ein momentanes Bedürfnis oder etwas aktuell Wichtiges dreht.

Und als Letztes muss ich den Text in Demut lesen. Nur dann kann ich Gewinn davon haben, dass mich der Text mit Gott verbinden kann, der durch ihn spricht. Ein sicheres Rezept für eine bedeutungslose, oberflächliche Erfahrung ist es, die Bibel nicht in einer aufrichtigen, demütigen Geisteshaltung zu lesen. Es gibt da eine alte Redensart, die so treffend sagt: »Dieses Buch wird dich von der Sünde fernhalten – oder die Sünde wird dich von diesem Buch fernhalten!«

Lassen Sie mich in Bezug auf das Gebet ein paar Dinge erzählen, die für mich hilfreich sind. Ehrlich zu beten, ist von entscheidender Wichtigkeit. Der Psalmist hielt sich nie zurück, sein Leben vor Gott auszubreiten. Diese Ehrlichkeit öffnet unseren Geist, damit Gott unsere Enttäuschungen heilen kann. Keiner der Psalmen endet je damit, dass der Psalmist immer noch verärgert über Gott oder sein Leben ist. Es ist wunderbar, wie das Beten uns dazu bringt, das ganze Leben aus Gottes Perspektive zu sehen.

Ein Grundbestandteil des Gebets ist mit Sicherheit die Anbetung Gottes. Das kann in Form von Singen oder Danksagung geschehen oder auf eine andere Art, mit der wir Gottes Bedeutung für uns an diesem Tag oder in einer bestimmten Situation zum Ausdruck bringen. Zweifellos sind Gebete der Buße für unsere Seele und für Gott reinigend und befriedigend.

Ich finde, dass lautes Beten dabei hilft, sich nicht ablenken zu lassen. Und wenn ich doch abschweife, benutze ich das oft als Gelegenheit, um für die Person oder die Situation zu beten, zu der meine Gedanken gedriftet sind – es sei denn, es war Baseball. Da ist es hoffnungslos.

Ein Gebetstagebuch zu führen, kann auch eine Hilfe sein, um aufmerksam und bei der Sache zu bleiben.

Eine wunderbare Übung für ein aussagekräftiges Gebet ist es, wenn man Gottes Wort liest und sich dabei betend an ihn richtet. Es hilft uns nicht nur, Gottes Wort persönlich zu verarbeiten, sondern man zeigt ihm damit auch, dass man aufmerksam gewesen ist und sein Wort versteht.

Das Allerwichtigste und ganz entscheidend ist, dass wir dabei bleiben. Es werden Zeiten kommen, wenn Beten weniger anregend ist als erwartet. Aus vielerlei Gründen fühlen wir uns emotional oder geistlich nicht immer gleich aufnahmefähig. Geben Sie nicht auf, was Sie begonnen haben. Treue ist entscheidend. Bleiben Sie dabei, Ihre Verbundenheit mit Gott wird sich vertiefen und eine innige Beziehung zum Herrn wird Ihre Belohnung sein.

Ich sehe ein: Was für mich passend ist, ist für Sie vielleicht nicht günstig. Jeder von uns hat einen anderen Weg, um durch das Gebet und Gottes Wort die Verbindung mit ihm zu finden. Ich bat ein paar Freunde, deren geistliches Leben mich mit Respekt erfüllt, einmal aufzuschreiben, welche Wege sie gehen, um zu einer innigen Verbundenheit mit Gott zu kommen. Ich bat sie um eine kurze Antwort zu folgenden drei Bereichen: 1) Bibelstudium, 2) Gebet, 3) andere Methoden, wie Betrachtung, Auswendiglernen von Bibelversen, Führen von Gebetstagebüchern oder Fasten. Unten folgen ihre Kommentare. (Manche sind leicht bearbeitet.)

1. Wie und wann studierst du das Wort Gottes?

Elisabeth Elliot Gren (Frau von Jim Elliot, der 1956 als Missionar ermordet wurde): »Ich lese die Bibel fast jeden Tag, normalerweise frühmorgens. Ich denke über das Gelesene nach, unterstreiche gelegentlich etwas und versuche immer, es im täglichen Leben anzuwenden.«

Bill Hybels (Gründer der *Willow Creek* Bewegung): »Am Morgen lese ich kurze Abschnitte aus der Bibel – denke darüber nach – und wende sie in meinem Leben an. Ich mache dies mit Hilfe eines Tagebuchs, in dem ich lese und meine Gedanken, Entdeckungen und deren Anwendung aufschreibe.«

Joni Eareckson Tada (durch einen Badeunfall querschnittgelähmte Autorin mehrerer Bücher und Künstlerin): »Mein persönliches Studium ist immer zu Hause, wo es ruhig und gemütlich ist, und wo ich weiß, dass ich nicht gestört werde. Für mich bedeutet Bibelstudium die Betrachtung von Gottes Wort auf folgende Weise: Ich nehme jedes Wort eines Verses und durchdenke es einfach:

>›*Der* Herr ist mein Hirte.‹
>›Der *Herr* ist mein Hirte.‹
>›Der Herr *ist* mein Hirte.‹
>›Der Herr ist *mein* Hirte.‹
>›Der Herr ist mein *Hirte*.‹

Diese Art des Studiums erfordert keine Erläuterungen, keine Ergänzungen, keine Querverweise oder eine extra Bibelauslegung. Es ist rein persönlich. Die anderen Studien, die ich betreibe, um ein Thema zu erarbeiten, mache ich im Büro, wo mir eine Fülle von Hilfsmitteln zur Verfügung stehen. Diese Art des Studierens ist enorm nützlich, was mein ›*Wachsen in der Erkenntnis des Herrn*‹ anbelangt, ist aber nicht ganz so persönlich.

Kent Hughes (Pastor und Autor zahlreicher Bücher): »Oft beginne ich, indem ich mir die Inspiration und Autorität des Heiligen Schrift bewusst mache durch das Lesen von 2. Timotheus 3,16, die Worte Jesu in Matthäus 5,18 und Lukas 4,4 sowie 5. Mose 8,3 ist: ›*... sondern von allem, was aus dem Mund des HERRN hervorgeht, lebt der Mensch.*‹ Als Nächstes bete ich, bevor ich Gottes Wort lese. Ich bitte um die Fähigkeit, mich konzentrieren und auf seine Stimme hören zu können. Dann bereite ich den Abschnitt, den ich lesen möchte, vor. Das geschieht, indem ich mein Gedächtnis über die Hintergründe des biblischen Buches auffrische – an wen wurde das Buch geschrieben? Was ist seine Zielsetzung? Dann gehe ich das Material durch und danach lese ich es. Diese Methode ist inspiriert von Mortimer Adlers *Wie man ein Buch liest.*

Sagen wir, ich möchte zum Beispiel 1. Timotheus lesen. Ich stelle fest, dass das Buch ungefähr 64 n. Chr. geschrieben wurde, um Timotheus zu ermutigen, der damals eine wachsende Christengemeinde in einer chaotisch dekadenten Kultur leitete. Ich würde außerdem erfahren, dass dies am Vorabend einer Christenverfolgung durch Nero war. Wenn ich aber 2. Timotheus läse, dann würde ich berücksichtigen, dass die Verfolgung bereits begonnen hatte. Dies erklärt die Dringlichkeit und den entschiedenen Ton in einigen Abschnitten. Nachdem ich so weit gekommen wäre, würde ich die Schlagworte unter die Lupe nehmen, um ein Gefühl dafür zu bekommen, worauf das Buch abzielt. Und dann würde ich das Buch in einem Zug lesen. Normalerweise mache ich bei Dingen, die ich wichtig finde, am Rand Zeichen mit Bleistift, jedoch keine Anmerkungen, da ich meinen Lesefluss nicht unterbrechen will. Wenn ich das Buch gelesen habe, gehe ich nochmals zurück, um auf die markierten

Stellen näher einzugehen und Vermerke anzubringen, Querverweise nachzuschlagen und so weiter.«

Crawford Loritts (Pastor und in der Studentenmission tätig): »In der Regel lese ich jeden Tag als Erstes am Morgen das Wort Gottes. Normalerweise lese ich der Reihe nach durch die Bibel, von 1. Mose bis zur Offenbarung, jedoch nicht innerhalb eines Jahres. Gelegentlich schaue ich eine Stelle nach, die sich auf ein bestimmtes Problem bezieht, das ich an diesem Tag habe. Oft lese ich auch die Tageslosung oder ein paar Psalmen. Gewöhnlich tue ich das in einem Zeitraum von zwanzig Minuten. Ich lege großen Wert darauf, mein persönliches Lesen von meinen beruflichen Studien zu unterscheiden. Die Zeit, die brauche, um bestimmte Predigten vorzubereiten, ist eine Zeit für sich.«

Bill Bright (Evangelist und Gründer von *Campus für Christus*)[2]: »Seit meine Frau Vonette und ich verheiratet sind, beginnen wir jeden Tag, indem wir auf die Knie gehen und bekennen, dass Jesus Christus, der in unseren Herzen lebt, der Herr unseres Lebens ist. Wir bekennen, dass er der Sohn Gottes ist, der Eine, dem die Fülle des lebendigen Gottes innewohnt, der sichtbare Ausdruck des unsichtbaren Gottes, in dem wir vollkommen sind.

Nachdem wir zusammen gebetet haben, lese ich kniend das Wort Gottes. Das ist mir die liebste Position, da ich auf den Knien meine totale Abhängigkeit vom Herrn zum Ausdruck bringe. Ich sage etwas wie: ›Herr, sprich du zu mir aus deinem heiligen, aufbauenden, unfehlbaren Wort – deiner göttlichen Wahrheit. Ich weiß, dass dein heiliges Wort aus deinem eigenen großen, liebevollen Herzen kommt. Es ist ein Liebesbrief an mich und ich möchte verstehen, was du mir sagen willst.‹ Ich stelle fest, dass dies etwas völlig anderes ist, als wenn man nur bequem in einem großen, weichen Sessel sitzt. Ich lese die Bibel in einer Haltung der Ehrfurcht und Anbetung, Lob und Danksagung. Diese tägliche geistliche Vorgehensweise ist mir die wichtigste Übung des Tages.

Seit vielen Jahren habe ich die Gewohnheit die Bibel im Verlauf eines Jahres durchzulesen, indem ich jeden Tag aus dem Alten und dem Neuen Testament, den Psalmen und den Sprüchen lese.«

Dr. Adrian Rogers (ehem. Präsident der *Southern Baptist Convention*): »Ich studiere das Wort Gottes, indem ich es einfach lese und darüber nachdenke, was ich gerade lese. Fast immer lese ich mit einem Stift in der Hand und versuche das, was ich lese zu analysieren und in groben Zügen zu umreißen. Wenn sich mir eine besondere Wahrheit auftut, dann denke ich über diese Wahrheit nach und versuche eine ausführliche Beschreibung zu finden und wie man sie anwenden kann.«

Jill Briscoe (Autorin und tätig in einer nationalen Frauen-arbeit): »Für meine persönliche Andacht benutze ich Bibelarbeits-Material. Ich lese und studiere täglich, wie sich die Gelegenheit ergibt. Da ich ständig auf dem Sprung und unterwegs bin, habe ich keine festgesetzte Zeit. Ich nutze den Augenblick – hier eine Stunde und dort eine Stunde – so kann ich den ganzen Tag lang über die Bibel nachsinnen.«

2. Wie ordnest du dein Gebetsleben?
Was funktioniert dabei und was nicht?

Elizabeth Elliot Gren: »Ich beginne mit dem alten Hymnus *Te Deum Laudamus* (ich glaube, entstanden ca. 300 n.Chr.) (das dt. *Großer Gott, wir loben dich* ist diesem Hymnus nachgedichtet, Anm. d. dt. Hrsg.). Dann bete ich das Vaterunser und andere schriftliche Gebete, darunter auch Texte großer, alter Choräle. Natürlich habe ich selbst auch meine Gebetsliste mit Lob, Danksagungen, Sündenbekenntnis, Fürbitten usw.«

Bill Hybels: »Meine Gebete zu Gott formuliere ich handschriftlich. Das ist der einzige Weg, wie ich meine Aufmerksamkeit auf mein Gebet richten und es wirklich in eine ausgewogene, sinnvolle Form bringen kann. Tagsüber bleibe ich selbstverständlich ständig im Gebet.«

Joni Eareckson Tada: »Meine Behinderung ist mein größtes Plus, was das Beten angeht, denn es zwingt mich früh zu Bett zu gehen. Wenn ich einmal liege, habe ich mehrere Stunden, um nachzudenken, Bibelworte zu betrachten, dem Herrn Lieder zu singen, ihm Lob und Dank zu sagen und um für jemanden zu bitten.

Für mich, eine ›Martha‹, ist es die wunderbarste Zeit als ›Maria‹. Ich weiß nicht, ob ich, wenn ich gesund wäre, die Disziplin hätte, mir so viel mit Beten ausgefüllte Zeit zu erkämpfen. Das ist der Grund, weshalb ich mich ›*meiner Schwachheit rühme*‹: Sie schenkt mir Zeit, die ich andernfalls vielleicht nicht dem Herrn widmen würde.

Während meiner Gebetszeit benutze ich oft Strophen von alten Lieblingschorälen als Nahrung für aufrichtiges Beten. Es ist wunderbar, dem Herrn Jesus zu singen, gerade so als sänge ich das Lied nur für ihn. Das gleiche Gefühl hatte ich, wenn ich als Teenager und noch gesund auf meinem Klavier im Wohnzimmer spielte, und mich freute, wenn mein Vater ins Zimmer schlich, sich bequem in einen Sessel setzte und dann nur dasaß und mir zuhörte. Ich konnte ein ganz persönliches Konzert geben – nur für ihn.«

Kent Hughes: »Epheser 6,18 ist für mich das Muster, das ich in meinem Gebetsleben versuche umzusetzen: ›*Mit allem Gebet und Flehen betet zu jeder Zeit im Geist, und wachet hierzu in allem Anhalten und Flehen für alle Heilige.*‹ Der Gläubige, dessen Gebet *geistvoll* ist (›*im Geist*‹), hat den innewohnenden Heiligen Geist und das Wort Gottes, die ihn leiten und Fürsprache für ihn einlegen. Ich versuche, in einer *ständigen* Gebetshaltung zu bleiben (›zu jeder Zeit‹) und für die *vielfältigen* Situationen, die sich im Verlauf des Tages ergeben, zu beten (›mit allem *Gebet und Flehen*‹). Gebete müssen *beharrlich* sein (›in *allem Anhalten*‹), und *Fürbitten* beinhalten (›*für alle Heiligen*‹).

Mein Gebetsnotizbuch enthält Bibeltexte zur *Betrachtung,* zum *Sündenbekenntnis,* zur *Hingabe* und *Anbetung* (Verehrung Gottes, Lobpreis des Schöpfers, Gottes Heiligkeit, Loblieder und Anbetungsverse). Für *Bitt- und Fürbittgebete* finde ich es hilfreich, wenn man eine Gebetsliste mit verschiedenen Seiten für unterschiedliche Anliegen führt. Meine Liste ist unterteilt in tägliche und wöchentliche Fürbitten. Meine Frau Barbara und ich beten für Familienmitglieder, Kranke, private Anfragen, das persönliche Leben, Evangelisation, Predigerkollegen, die Arbeit, die Welt, christliche Leiter und Regierungschefs, um nur einige zu nennen. Wir beten jeden Tag zusammen und haben eine ausführlichere Gebetszeit an meinem freien Tag. Für unsere Kinder und unsere Sorge um sie beten wir ganz besonders. Das Gebet bedarf eines Ortes, wo man ungestört ist und einer Zeit, in der man sich fit fühlt. Beten ist Arbeit – wenn Sie warten, bis Sie dazu ›aufgelegt‹ sind, werden Sie nicht lange bei der Stange bleiben.«

Crawford Loritts: »Ich habe die Angewohnheit entwickelt, jeden Tag Gebete an den Herrn in Briefform zu schreiben. (Meine Frau sagt, wegen der Papierstapel im Wandschrank bestehe Brandgefahr!) Ich habe eine Gebetsliste, die ich aber nicht jeden Tag ganz schaffe, gewöhnlich gehe ich dreimal die Woche durch die ganze Liste.

In den letzten neun Monaten habe ich Gott das Versprechen gegeben, dass ich täglich erst zu ihm reden will, bevor ich noch mit irgendjemand anderem spreche, einschließlich meiner Frau. In meinen Gebeten habe ich vier Hauptanliegen: 1) Reinigung und Lauterkeit in Gottes Gegenwart; 2) dass meine Familie die Kraft Gottes spüren und von ihm berührt werden möge; 3) dass mir

Weisheit und Führung zuteil werde, vor welche bedeutende Aufgabe auch immer ich an diesem Tag gestellt würde; 4) allgemeine Anbetung, Lob und Danksagung.

Jeden Morgen, wenn ich die Kinder in die Schule gefahren habe, gehe ich an den gleichen Ort, wo ich in der Bibel lese, meinen Gebetsbrief schreibe und mich durch meine Gebetsliste arbeite. Viermal die Woche laufe ich eine halbe Stunde. Die Zeit nutze ich, um für künftige Generationen zu beten – meine Kinder, Enkel usw.

Einmal im Monat fahre ich weg – an einen besonderen Ort, um Zeit mit dem Herrn zu verbringen. Ich reiße mich los von Telefon und Fax, höre auf Gott und die Eindrücke, die er mir durch sein Wort und den Heiligen Geist übermittelt. Ich versuche zu ergründen, was Gott wirklich wichtig ist, und wie ich mein Leben daran orientieren kann.

Im Laufe eines jeden Tages ist es mir bewusst, dass das Gebet der Kernpunkt meines ganzen Lebens ist. Ich versuche, nicht ohne Gebet in Besprechungen oder zu Verabredungen zu gehen. Beten ist ein andauernder Prozess in meinem Leben.«

Bill Bright: »Seit vielen Jahren ist mein Gebetsleben für mich ein Mittel, um eine Verbindung zur Gegenwart Gottes herzustellen. Ich versuche, den ganzen Tag über in einem Zustand des Betens ›ohne Unterlass‹ zu bleiben, egal was ich gerade tue, ob ich einen Vortrag halte oder bei einer Besprechung bin. Ich habe herausgefunden, dass ich den ganzen Tag über mit dem Herrn eine geistliche Kommunikation aufrechterhalten kann. Ich will nicht behaupten, dass ständig, vierundzwanzig Stunden lang, eine perfekte Bindung vorhanden ist, aber das ist eigentlich, was ich mir wünsche. Es ist eine schöne und vertraute Art von Beziehung.

Das Beten ist für mich keine sture Pflichtübung – wo ich täglich eine vorgeschriebene Zeit auf den Knien im Gebet verbringen muss. Aber wenn ich den Tag beginne, drehen sich meine ersten bewussten Gedanken um Gott, und an ihn denke ich während des ganzen Tages, bis ich nachts einschlafe. Zur Schlafenszeit gehen Vonette und ich wieder auf die Knie, um ihn zu loben, ihn anzubeten und ihm dafür zu danken, dass er unsere Schritte während des Tages gelenkt hat.«

Dr. Adrian Rogers: »Mein Gebetsleben ist etwas, mit dem ich nie ganz zufrieden bin, wofür ich aber ewig dankbar bin. Gott ist für mich Wirklichkeit, und ich habe keine Schwierigkeiten, mit ihm im stillen Kämmerlein oder unterwegs zu reden. Ich versuche, den Herrn jeden Morgen mit Lobpreis zu begrüßen und ihm meine Offenheit und Hingabe zu zeigen, noch bevor ich irgendetwas anderes beginne, sogar noch vor der Stillen Zeit.

Nach dem Duschen und dem Frühstück nehmen Joy und ich uns Zeit, um zu lesen – meistens etwas von Oswald Chambers. Wir beten dann namentlich für unsere Kinder und Enkelkinder und für einander. Wir beten auch für Freunde und Familienmitglieder, die in Not sind, und wir beten für bestimmte Teile der Welt. Montags beten wir für Mexiko und die Karibik; dienstags beten wir für Südamerika; mittwochs für Afrika, donnerstags für Europa. Freitags beten wir für den Nahen Osten und samstags für den Fernen Osten. Dann kommt der Sonntag, da beten wir für Amerika, für seine politischen und geistlichen Führer.

Irgendwo habe ich etwas über Dwight L. Moody gelesen, wo davon berichtet wurde, dass er nie lange Gebete sprach, aber auch nie lange kein Gebet sprach. Als ich das las, dachte ich, das hört sich genauso an, wie ich es mache. Ich versuche, für das zu beten, was gerade passiert, für Menschen, mit denen ich mich treffe und nachdem ich sie getroffen habe. Ich bete für Leute, an die ich schreibe, und sogar für Pastoren, deren Gemeindebrief ich gerade lese.«

Jill Briscoe: »Ich versuche ›die ganze Zeit‹ zu beten (›ohne Unterlass‹). Ich versuche, den ganzen Tag über für Menschen zu beten, denen ich persönlich begegne – sogar während ich mit ihnen rede. Ich plane auch Gebetszeiten, für die ich in aller Frühe aufstehen muss.«

3. Helfen euch geistliche Übungen, wie Betrachtung, Lernen von Bibelversen, ein Gebetstagebuch oder Fasten?

Elisabeth Elliot Gren: »Ich führe seit dreiundfünfzig Jahren ein Gebetstagebuch. Gewöhnlich fasten mein Mann und ich einmal die Woche.«

Bill Hybels: »Ich ziehe mich regelmäßig in die Abgeschiedenheit zurück, eine Stunde täglich, oft auch mehr. Ein Gebetstagebuch führe ich fast jeden Tag und gelegentlich faste ich. Ich pflege intensive Gemeinschaft und tausche mich mit anderen aus. Regelmäßig bete ich Gott in aller Stille und Zurückgezogenheit an.«

Bill Bright: »Während ich dies schreibe, fasten Vonette und ich zusammen schon den achtunddreißigsten Tag während unserer jüngsten vierzigtägigen Fastenzeit. Ich versichere Ihnen, mein Gebetsleben erfährt einen ungeheuren Aufschwung durch das Fasten. Der Herr hat mich durch vier Fastenzeiten von jeweils vierzig Tagen geführt.

In ihrer Kraft sind Fasten und Beten eine wahre geistliche Atombombe. Keine andere christliche Disziplin erfüllt die Bedingungen von 2. Chronik 7,14 in dem Maße wie das Fasten. Da ist etwas von Gottes Heiligem Geist spürbar, der uns umwirbt und segnet und uns in Gottes eigenes großes Herz führt, wenn wir ganz am Boden sind und voller Reue sein Angesicht suchen.

Ich messe auch dem Auswendiglernen von Bibelversen große Bedeutung bei. Sich die Heilige Schrift ins Gedächtnis einzuprägen ist das Beste, was man tun kann, und ich befürworte es ganz entschieden. Ebenso ist das Führen eines

Gebetstagebuches eine ganz wunderbare Sache, um Gedanken, Ideen oder Vorgehensweisen aufzuschreiben, die uns beim Beten und Nachsinnen über den Herrn einfallen und vielleicht vom Heiligen Geist sind.«

Crawford Loritts: »Manchmal faste ich, wenn ich fühle, dass mich der Herr leitet, meist im Zusammenhang mit einer besonderen Belastung. Manchmal kommt auch der Verzicht auf andere Dinge als nur aufs Essen hinzu – dass ich mir zum Beispiel ein Baseball-Spiel nicht anschaue oder mir etwas anderes versage, was ich gern tun würde.

Mit meinen Kindern spiele ich Bibel-Memory. Wir widmen uns jede Woche dem Bibelstudium, wobei wir uns auch Bibelverse einprägen.«

Dr. Adrian Rogers: »Ich denke viel über die Bibel nach und versuche, jeden Abend einen Bibelvers mit zu Bett zu nehmen, über den ich mir Gedanken mache, bis ich einschlafe. Von der Bibel kann ich inzwischen ziemlich viel auswendig, jedoch nicht durch Auswendiglernen, sondern durch den Gebrauch. Ich führe selten ein Gebetstagebuch. Hin und wieder faste ich, habe aber vor, dies öfter zu tun.«

Jill Briscoe: »Meine Gebetsaufzeichnungen füllen Bände! Ich faste regelmäßig – bevor Familientreffen stattfinden oder in Krisenzeiten. Mehr als für alles andere faste ich für unsere Kinder. Das Fasten bewirkt, sich auf das auszurichten, was Gott für richtig erachtet.«

Max Lucado über das Bibelstudium

Max Lucados Antwort hatte das Ausmaß einer kurzen Lektion über das Bibelstudium:

»Ein Freund von mir hat eine Opernsopranistin geheiratet. Sie liebt Konzerte. Ihre College-Jahre hat sie im Musikseminar verbracht und ihre ersten Erinnerungen drehen sich um Klaviaturen und Chortreppchen. Er dagegen tendiert mehr zu Football-Übertragungen im Fernsehen und zu Country-Musik. Er liebt auch seine Frau, also geht er gelegentlich in die Oper. Seite an Seite sitzen die beiden im Zuschauersaal und lauschen derselben Musik, jedoch mit vollkommen unterschiedlichen Reaktionen. Er kämpft mit dem Schlaf und sie mit den Tränen.

Ich glaube der Unterschied ist mehr als nur eine Frage des Geschmacks. Es ist eine Sache des Lernens und Übens. Sie hatte viele Stunden, um die Kunst der Musik schätzen zu lernen – und er keine einzige. Ihr Gehör ist so empfindsam wie ein Geigerzähler – und er kann nicht unterscheiden zwischen Piano und Fortissimo. Aber er gibt sich Mühe. Als wir das letzte Mal über Konzerte sprachen, schaffte er es, wach zu bleiben. Wahrscheinlich wird er nie das gleiche Gehör wie seine Frau haben, aber er kann lernen.

Ich glaube, wir können das auch. Mit dem richtigen Werkzeug ausgestattet, können wir lernen, täglich eine lohnende Verabredung mit Gott zu haben. Was für Werkzeuge sind das? Hier sind diejenigen, welche mir eine Hilfe waren.

1. *Sie brauchen einen gewohnten Zeitpunkt und Ort.* Suchen Sie nach einem freien Platz in Ihrem Zeitplan und einem Eckchen in Ihrer Welt und erheben Sie Anspruch auf beides für Gott. Für manche von Ihnen ist es vielleicht am besten, dies morgens zu tun. ›*Am Morgen möge dir mein Gebet begegnen*‹ (Ps 88,14). Andere bevorzugen den Abend und stimmen mit Davids Gebet überein: ›*Lass als Rauchopfer vor dir stehen mein Gebet, das Erheben meiner Hände als Speisopfer am Abend*‹ (Ps 141,2). Und wieder andere bevorzugen mehrere Begegnungen über den Tag verteilt. Offensichtlich tat dies auch der Autor von Psalm 55. Er schrieb: ›*Abends und morgens und mittags klage und stöhne ich*

...‹ (Vers 18). Manche sitzen unter einem Baum, andere in der Küche. Vielleicht eignet sich bei Ihnen dazu der Weg zur Arbeit oder die Mittagspause. Finden Sie einen für Sie günstigen Zeitpunkt und Ort. Wie viel Zeit sollten Sie sich nehmen? Mein Rat ist, messen Sie der Qualität der Begegnung mehr Wert bei als ihrer Dauer. Auch auf die Gefahr hin, die Sache zu sehr zu vereinfachen: Ich schlage vor, dass Ihre stille Zeit lang genug dauern sollte, damit Sie sagen können, was Sie sagen mögen, und auch Gott sagen kann, was er sagen möchte.

2. *Halten Sie die Bibel griffbereit.* Gott spricht zu Ihnen durch sein Wort. Der erste Schritt beim Bibellesen ist, Gott zu bitten, dass er Ihnen hilft, sein Wort zu verstehen. ›*Der Beistand aber, der Heilige Geist, den der Vater senden wird in meinem Namen, der wird euch alles lehren und euch an alles erinnern, was ich euch gesagt habe*‹ (Joh 14,26). Beten Sie, bevor Sie die Bibel lesen. Gehen Sie nicht mit der Absicht an die Bibel heran, darin nach Ihren *eigenen* Vorstellungen zu suchen, suchen Sie nach Gottes Vorstellungen.

Lesen Sie die Bibel andächtig. Lesen Sie außerdem gewissenhaft, denn Jesus sagte zu uns: ›*Sucht, und ihr werdet finden*‹ (Mt 7,7). Gott lobt denjenigen, der ›*über sein Gesetz sinnt Tag und Nacht*‹ (Ps 1,2). Die Bibel ist keine Zeitung, die man überfliegt, sondern eher eine Silbermine, die man auskundschaftet. Wenn Sie in der Bibel auf die gleiche Weise nach Weisheit forschen, wie Sie eine Mine nach Silber absuchen würden und wenn Sie die Bibel der Erkenntnis wegen lesen, geradeso als würden Sie einem verlorenen Schatz nachjagen, dann werden Sie die Furcht des Herrn lernen und entdecken, dass Sie Gott erkennen (siehe Spr 2,4-5).

Studieren Sie nicht zu viel auf einmal in der Bibel. Entscheidend ist die Gründlichkeit, nicht der Umfang. Lesen Sie, bis ein Vers Sie anrührt, dann halten Sie inne und denken Sie darüber nach. Schreiben Sie den Vers auf ein Blatt Papier oder in Ihr Gebetstagebuch und denken Sie immer wieder darüber nach.

Vor Kurzem beschäftigte ich mich eines Morgens während meiner stillen Zeit mit Matthäus 18. Ich war gerade bei Vers 4 angekommen, da las ich: ›*Wenn jemand sich selbst erniedrigen wird wie dieses Kind, der ist der Größte im Reich der Himmel.*‹ Weiterlesen musste ich nicht. Ich schrieb die Worte in mein Tagebuch und grübelte tagsüber immer wieder darüber nach. Ich stellte mir die Frage: ›Wie kann ich einem Kind ähnlicher werden?‹ Ich bat Gott: ›Mache mich heute liebenswürdiger, sanftmütiger.‹

Werde ich je lernen, was Gottes Absicht ist? Wenn ich zuhöre, dann schon. Es sieht aus, als schicke uns Gott Mitteilungen, geradeso wie er das Manna schickte, in Tagesrationen. Er versieht uns mit ›einem Gebot hier und einem Gebot da. Einer Regel hier und einer Regel da. Einer kleinen Lektion hier und einer kleinen Lektion da‹ (Jes 28,10, Umschreibung des Autors).

Seien Sie nicht entmutigt, wenn Ihre Bibellese einmal wenig Ertrag einbringt. An manchen Tagen brauchen wir nur eine kleinere Ration. Ein kleines Mädchen kam von seinem ersten Schultag nach Hause. Ihre Mutter fragte: ›Nun, hast du etwas gelernt?‹ – ›Anscheinend nicht genug‹, antwortete das Mädchen. ›Ich muss morgen wiederkommen, und übermorgen und überübermorgen ...‹ So ist es mit dem Lernen, und so ist es mit dem Bibelstudium. Das Verstehen vollzieht sich in kleinen Schritten ein ganzes Leben lang.

3. *Öffnen Sie Ihr Herz.* Vergessen Sie nicht die Ermahnung von Jakobus: ›*Wer aber in das vollkommene Gesetz der Freiheit hineinschaut und dabei geblieben ist, indem er nicht ein vergesslicher Hörer, sondern ein Täter des Werkes ist, der wird in seinem Tun glückselig sein*‹ (Jak 1,25).

Wenn das, was Sie in der Bibel lesen, auch von anderen in

Ihrem Leben wahrgenommen wird, dann wissen Sie, dass Sie in Verbindung mit Gott getreten sind. Vielleicht haben Sie schon die Geschichte jenes nicht ganz hellen Typen gehört, der eine Werbung für eine Kreuzfahrt gesehen hatte. Auf dem Schild im Fenster eines Reisebüros stand ›Kreuzfahrt für $100 Barzahlung.‹ *Ich habe doch hundert Dollar*, dachte er. *Und ich würde gern auf eine Kreuzfahrt gehen.* Also ging er in den Laden und brachte sein Anliegen vor. Der Angestellte fragte nach dem Geld und der nicht ganz helle Typ fing an, das Geld auf den Tisch zu zählen. Als er bei Hundert angelangt war, wurde ihm eins übergebraten und er verlor die Besinnung. Als er wieder aufwachte, befand er sich in einem Fass und trieb einen Fluss hinab. Ein anderer Mann in einem anderen Fass trieb an ihm vorbei und fragte ihn: ›Sagen Sie mal, wird auf dieser Kreuzfahrt auch Mittagessen serviert?‹ – ›Letztes Jahr gab es nichts.‹

Etwas nicht zu wissen, ist eine Sache, aber es zu wissen und nichts daraus zu lernen, ist eine andere. Paulus ermahnte seine Leser, das von ihm Gelernte in die Tat umzusetzen. *›Was ihr auch gelernt und empfangen und gehört und an mir gesehen habt, das tut‹* (Phil 4,9).

Diese verschiedenen Möglichkeiten der Kommunikation mit Gott sind von grundlegender Bedeutung für eine vertraute, innige Beziehung. Sie sind die Voraussetzung dafür. Indem wir in dieser Gemeinschaft bleiben, werden auch alle anderen Bereiche gestärkt.«

Verbunden mit Gottes Wesen und Führung

Wenn wir Zeit mit Gott verbringen, indem wir beten und sein Wort lesen, dann stellt sich eine Verbundenheit mit Gottes Wesensart und seiner Handlungsweise ein. Das Wort Gottes beschreibt ausführlich, wie er in Wirklichkeit ist und wie er vorgeht. Das Beten ermöglicht es uns, ihn klar zu erkennen und es ruft uns seine Wege und sein Wesen ins Gedächtnis. Durch den Glauben halten wir an der Realität seiner unveränderlichen Persönlichkeit fest. Indem wir glauben, können wir uns an der Tatsache festhalten, dass er uns beisteht, auch wenn die ganze Welt uns ablehnt und wir uns an den Rand gedrängt und einsam fühlen. Denn er ist ein liebender Gott. Das ist zum Glück nicht unseretwegen so, sondern weil das zu seinem Wesen gehört. Er kann nicht anders, als uns zu lieben und zu behüten, weil er sich nicht verleugnen kann.

In chaotischen Zeiten wissen wir, dass wir mit seiner Allmacht verbunden sein dürfen, denn wir wissen, dass er unter der chaotischen Oberfläche tätig ist und es schafft, dass alles sich zum Guten und zum Vorteil wendet.

Martie und ich hatten vor einigen Jahren die Möglichkeit, eine Reise zu machen, zu der auch ein Abstecher nach Hongkong gehörte. Hongkong war zu dieser Zeit noch britische Kolonie. Zu meiner Freude konnten wir an einem Morgen ein paar Stunden mit einem jungen Mann verbringen, dem gerade die Flucht aus dem kommunistischen China gelungen war. Er hatte dort wegen seines Glaubens im Gefängnis gesessen.

In seinem Bericht stellte er ganz besonders die Tatsache heraus, dass wir im Festhalten an Gott in schwierigen Zeiten und im Ausharren erfahren, wie unwiderstehlich real seine Überlegenheit ist, mit der er Systeme außer Kraft setzt, die unser Leben kontrollieren und einengen, um sie schließlich an seiner Herrlichkeit teilhaben zu lassen.

Dieser junge Mann war Student an einer chinesischen Universität und hatte an die Studentenrevolte geglaubt, die im Juni 1989 zu dem blutigen Massaker auf dem *Platz des Himmlischen Friedens* geführt hatte. Wie er mir erzählte, hatten die

Studenten in China ihr Herz und ihre Hoffnung an diesen Aufstand gehängt. Es war der einzige Lichtblick, der alleinige Sinn und Zweck ihres Daseins. Ihr Traum sollte den Umschwung in der chinesischen Kultur bewirken.

Ich werde nie vergessen, wie ich aus der Ferne von dem Studentenaufstand erfuhr. Innerlich wusste ich, wenn die Studenten Erfolg hätten, dann stünden die Chancen gut, dass sich China dem Evangelium öffnen würde. Was für eine aufregende Aussicht! Aber ich erinnere mich auch, als die Panzer auf den Platz des Himmlischen Friedens rollten und den Aufstand nieder-schlugen, wie die Hoffnung in meinem Herzen, dass das Evangeli-um in China verbreitet werden könne, niedergeschlagen wurde. Ich hatte Unrecht.

Dieser junge Mann erzählte mir, dass nach der Sache auf dem *Platz des Himmlischen Friedens* viele seiner Freunde Selbstmord begangen hätten. Ihnen war jegliche Hoffnung genommen, und sie hatten nichts mehr, wofür es sich zu leben gelohnt hätte. Überall in ganz China, in jeder Universität sei das so gewesen, sagte er. Auch er selbst hatte sich zutiefst verzweifelt und leer wegen des Verlusts von Sinn und Zweck in seinem Leben gefühlt. Einer seiner Englischlehrer, die er vor dem Massaker gehabt hatte, war Christ. Die Studenten hatten jenen Lehrer verhöhnt und ihm gesagt, er sei verrückt, wenn er glaube, es gebe einen Gott. Aber nun, da er diese Leere in seinem Innersten fühlte, ging dieser chinesische Student zurück zu dem Lehrer und fragte nach dem Gott, dem sich jener so eindeutig verschrieben hatte. Der junge Mann hat dann Jesus Christus als seinen persönlichen Retter angenommen und seine Freundin, die bald seine Frau werden sollte, tat es ebenfalls. Er fuhr fort mit dem Studium, machte seinen Abschluss und fand Zugang zu einer Gemeinschaft mit anderen christlichen Studenten.

Er wurde Professor und damit beauftragt, an einer der

führenden Universitäten, wo Regierungsbeamte ausgebildet wurden, zu unterrichten. Während er dort lehrte, nahm er die Gelegenheit wahr, anderen seinen Glauben zu bezeugen, und er hatte bald eine wachsende und lebendige Gemeinschaft von Gläubigen um sich versammelt. Er erzählte, sie hätten regelmäßig in nahe gelegenen Hotels Feiern abgehalten und alle Christen hätten ihre Freunde dazu eingeladen. Während der Feier seien Christen spontan aufgestanden und hätten erzählt, wie Christus ihr Leben verändert habe. Wenn andere Menschen dann auch Jesus Christus angenommen hatten, verschlossen sie die Türen und tauften sie unter der Dusche. Bald hätten die Regierungs-beamten dies herausgefunden und den jungen Professor ins Gefängnis geworfen.

Als er mir die Geschichte seines Lebens enthüllt und berichtet, wie er Christ geworden war, da erzählte er auch, dass es in China keine Universität gebe ohne lebendige Gruppe christlicher Studenten. Fassungslos fragte ich ihn, wie das zustande ge-kommen sei. Er meinte, genau wie ihm sei es erst Hunderten und dann Tausenden anderer Studenten gegangen. Nachdem auf dem *Platz des Himmlischen Friedens* alle Hoffnung zunichte gemacht worden waren, hätten sie sich Jesus Christus zugewendet.

Was für ein dramatischer Schachzug Gottes!

Während ich zuhörte, wurde mir von Neuem klar, was für einen wunderbaren Gott wir haben und wie wir selbst inmitten der schlimmsten Ereignisse in unserem Herzen die Gewissheit erlangen, dass unser Gott alle Dinge zum Guten zusammenführt. Auch wenn mir das nicht selbst geschehen ist, erfüllte mich dieses Erlebnis mit Zufriedenheit und bestärkte in mir das Gefühl, in jeder Lebenssituation getragen und beschützt zu sein.

Die innige Beziehung zu Gott wird vertieft, wenn wir erleben, wie er tatsächlich ist und wie er seine göttlichen Angelegenheiten in und um unser Leben herum erledigt.

Dies bedeutet aber, dass wir durch unseren Glauben ganz bewusst in der Wahrheit seines Wesens und Handelns leben. Die innige Beziehung entwickelt sich, wenn wir festhalten an seiner unfehlbaren Güte, seiner Gnade und Barmherzigkeit, seiner Gerechtigkeit, seiner alles übertreffenden Weisheit, Macht und schützenden Geborgenheit. Es geht um das Vertrauen, dass seine Wege die besten sind, und um das hoffnungsfrohe Erwarten, wie er uns sein wunderbar verlässliches Wesen und sein Handeln in unserem Leben zeigen wird.

Mit Gott verbunden durch seine Schöpfung

Psalm 19,2 sagt: »*Die Himmel erzählen die Herrlichkeiten Gottes.*«

»Nimm dir Zeit und genieße den Duft der Rosen«, so lautet ein Sprichwort. Aber es ist nicht genug, die Rosen und was sie uns bedeuten zu lieben, wenn wir ein Dutzend davon geschickt bekommen. Führen wir doch nicht länger ein Leben auf der unteren Stufe der Schöpfung, sondern steigen wir auf eine höhere, denn wir sind von dem Wunder des allmächtigen Gottes ergriffen, der etwas so Kompliziertes und Schönes entwerfen und gestalten kann.

Schauen Sie in den Sternenhimmel und denken Sie an Gott den Schöpfer. Ergötzen Sie sich an der Tatsache, dass er unser Schöpfer und Freund ist, er, der diese ganze riesige Weite, die wir Universum nennen, durch ein Wort seines Mundes geschaffen hat. Betrachten Sie einmal die Sonne, wie sie am Morgen aufgeht – sie gibt uns gerade genug Wärme, um uns zu erhalten, nicht so viel, dass sie uns verbrennt, aber auch nicht so wenig, dass wir erfrieren. Da wir Gott als die Ursache dieser Naturgewalten kennen, suchen wir seine Nähe und würdigen aufs Neue seine Macht und seine Weisheit.

Oberst Guy Gardner, ein Astronaut, berichtet in der *Moody Video Produktion* »Planet Erde« von seinen Erfahrungen. Als er davon spricht, welche Wunder der Schöpfung er im All gesehen hat, stehen ihm die Tränen in den Augen: »Es ist schwer zu glauben«, sagt er, » dass dies alles zufällig entstanden sein soll ... Man erkennt in diesem Moment, dass es einen allerhöchsten Planer, einen Schöpfer dieses Planeten geben muss. Und für mich ist das Leben dadurch erst recht einzigartig. Denn es zeigt mir, dass ich nicht nur etwas bin, was sich im Laufe der Zeit so ergeben hat, das eine Weile lebt und wieder stirbt. Statt dieses sinnlosen Daseins habe ich jemanden, der sich um mich sorgt, der mich geschaffen hat und dem ich wichtig bin. Jemand, zu dem ich mit meinen Sorgen und Nöten und meinen Freuden gehen kann.«

Wir können uns schwerlich fern von Gott fühlen, wenn wir ihn in allem, was uns umgibt, erkennen.

Mit Gott verbunden durch Lob und Anbetung

Psalm 22,4 sagt, dass der Herr unter den Lobgesängen seines Volkes wohne. Es ist gut das zu wissen. Allzu oft besteht die Gemeinde nur aus einer Gemeinschaft von griesgrämigen, alten, murrenden und klagenden Gläubigen. Ist es da ein Wunder, wenn Gott weit weg erscheint?

Wenn wir ihn jedoch mit Dankbarkeit, Demut und Bewunderung im Herzen loben, dann können wir uns mit ihm verbinden. Tatsächlich ist Anbetung mehr als Singen – es ist Dienen auf eine Art, die ausdrückt, wie wertvoll er für uns ist. Der Schreiber des Hebräerbriefes ermahnt uns: »*Durch ihn lasst uns Gott stets ein Opfer des Lobes darbringen, das ist: Frucht der Lippen, die seinen Namen bekennen. Das Wohltun und Mitteilen aber vergesst nicht, denn an solchen Opfern hat Gott Wohlgefallen*« (13,15-16). Wer in seinem Leben so anbetet, rückt damit sein Leben in die Nähe Gottes.

Mit Gott verbunden in Zeiten der Krise

Johannes 1 sagt, wenn wir in Not geraten, sollen wir es *»für lauter Freude halten«*, denn Gott wird uns dort begegnen. Er wird die Schwierigkeiten nutzen, indem er uns prägt, uns Form und Gestalt verleiht. Er wird die rauen Kanten unseres Lebens abschlagen. Der Text teilt uns mit, dass wir stillhalten sollen, damit Gott, der göttliche Chirurg, in unserem Leben sein Werk vollenden kann. In Krisenzeiten ist es nötig auszuharren und im treuen Glauben mit seiner Gnade und seiner stützenden Kraft verbunden zu bleiben. Gerade in diesen Zeiten erfahren wir die ganze Fülle seiner Gnade. Während all meiner Jahre als Pastor gab es immer wieder Menschen, die mir sagten: »Es ist unglaublich, wie mich Gott aufrecht hält. Ohne ihn könnte ich diese Zeit in meinem Leben nicht durchstehen.« Diese Berührung der vertrauten Nähe haben wir selten, wenn es uns gut geht.

Glauben Sie, Sadrach, Mesach und Abednego hatten vor ihrem Erlebnis im Feuerofen eine engere Beziehung zu Gott gehabt oder eher danach? Als sie durch die Krise des Feuerofens gingen, wartete Gott dort auf sie. Sie erfuhren mitten im Feuer eine innige Verbundenheit mit ihm und vergaßen es nie. Aus diesem Grunde sagt Jakobus, wir sollen uns gegen die Sorgen, die uns heimsuchen, nicht wehren, als seien es Feinde, stattdessen sollen wir sie als Freunde willkommen heißen. Inmitten der Krise begegnen wir Gott auf ungewöhnliche und beeindruckende Art und Weise. Tatsächlich ist ein Grund, warum Gott Sorgen in unserem Leben zulässt, der, dass er uns Gelegenheit geben will, uns noch stärker mit ihm verbunden zu fühlen und ihn noch intensiver zu erfahren. Wenn Sie mit Gott vertrauter werden wollen, dann suchen Sie ihn im Feuerofen Ihres Lebens.

Im Gehorsam mit Gott verbunden

Die treffende Metapher in der Geschichte vom Weinstock und den Reben in Johannes 15 will uns sagen, dass wir das Privileg haben, mit dem Herrn eng *verschlungen* zu sein. Die Reben sind nicht nur lose am Weinstock befestigt, nein, sie sind *in* ihm, sozusagen mit ihm verwoben. Der Begriff *Ausharren* beinhaltet, dass ich mich dem Herrn, als meiner Grundfeste, endgültig und vollständig hingebe. Er wird mich erfüllen, beschützen und aufrichten, mein Leben ist wie eine Verlängerung seines eigenen Lebens, des Weinstocks. Jedes Mal, wenn wir gehorsam sind, bringen wir uns auf den richtigen Kurs, wo wir Gott begegnen, der sich uns mitteilt und uns die Sorgen in unserem Leben abnimmt, um sich und sein Wesen uns zu offenbaren. Nur wenn wir ihm ohne Wenn und Aber folgen, dann erhalten wir die Möglichkeit, ihn und seine Wege zu erleben. Wenn wir freigebig sind, werden wir seine Fürsorge erfahren. Führen wir ein aufrichtiges Leben, werden wir seine Nähe und Harmonie spüren. Durch Opfer und Leiden wird uns seine Gnade und Kraft zuteil. Wenn wir gehorsam sind, gibt er uns Sicherheit, Halt und Zufriedenheit.

Viele unter uns kämpfen mit der Verbitterung und wundern sich dann, warum sie Gottes Nähe nicht spüren. Gott geht auf den Pfaden der Vergebung, niemals wird er Pfade der Rache oder des Hasses beschreiten. Wenn wir gierig sind statt großzügig, zornig statt geduldig, selbstgefällig statt mitfühlend, ichbezogen statt dienend, dann werden wir die Freude seiner Nähe nicht kennenlernen. Gott geht ungewöhnliche Wege, und eine innige Beziehung zu ihm bedeutet, gehorsam da zu gehen, wo er geht.

Wie es mit dem verlorenen Sohn weiterging

Als dem verlorenen Sohn klar wurde, wie schlimm es um ihn stand in diesem fernen Land, unternahm er den nächstliegenden und notwendigen Schritt: Er kehrte heim zu seinem Vater. Er unternahm alles, um wieder von ihm in seine Gegenwart aufgenommen zu werden.

Während unserer Reise auf dieser Erde werden wir Gott nicht sehen können, aber wir können doch einen Platz in seiner Nähe einnehmen. Wie wir schon festgestellt haben, können wir dies durch das Gebet, das Studium der Bibel, durch Anbetung, Lob, Gehorsam, die Reinheit unserer Worte und unseres ganzen Lebens, und indem wir seine schöpferische Kraft und sein heiliges Wesen anerkennen. Die vertraute Beziehung zu Gott bedeutet, dass wir wissen, wer wir sind und wie sehr wir ihn brauchen; sie bedeutet, dass wir den Wunsch haben, zu ihm zu gehören, einfach um ihn zu erfreuen, und uns dann durch unseren Glauben mit ihm zu verbinden.

Niemand unter uns muss noch länger Probleme damit haben, sich mit Gott zu verbinden. Gibt es noch jemanden, der genug hat von einem Leben ohne Gott? Genug von der vorübergehenden Befriedigung der Sünde, die nur zu einem Gefühl von Sinnlosigkeit und Schuld führt? Gibt es jemanden, der lieber einen Retter hätte als die Sünde? Gibt es jemanden, der des Gefühls des Verlassenseins in seiner Seele müde ist, der viel lieber eine innige Beziehung hätte und anfangen möchte, sich mit dem Einen zu verbinden, der Erfüllung, Halt und Sicherheit gibt?

Dann nehmen Sie Verbindung auf.

Bleiben Sie dran – egal, was geschieht.

KAPITEL 9

VERTRAUEN TROTZ GROSSER BELASTUNG

In Krisenzeiten Ruhe finden

»Ich habe erkannt, dass du alles vermagst
und kein Plan für dich unausführbar ist.«
Hiob 42,2

Wenn wir täglich unsere persönliche Beziehung zu Gott pflegen, dann fällt es uns auch in Krisenzeiten leichter, mit ihm Kontakt aufzunehmen. In schweren Zeiten wird uns die enge Beziehung, die wir zu Gott aufgebaut haben, dabei helfen, Schwierigkeiten zu bewältigen.

Eines Sonntagmorgens, nachdem ich in Dallas gepredigt hatte, kamen ein gut aussehender Mann und seine Familie zu mir und erzählte, wie furchtbar die letzten drei Jahre ihres Lebens gewesen seien. Er war geschäftlich sehr erfolgreich gewesen, als plötzlich alles zusammenbrach und sie fast alles verloren. Einige Geschäftspartner hatten gegen ihn einen unfairen Rechtsstreit angestrebt, der nun schon fast drei Jahre dauerte und noch immer nicht entschieden war.

In dieser Zeit rief ihn ein Freund aus Phönix an und sagte: »Bob, erinnere dich an 46,10.« – »Was meinst du damit?«, fragte Bob. Sein Freund erwiderte einfach: »Ich werde dir etwas schicken, aber bis es ankommt, denk an 46,10.« Bob dachte, dass es sich vielleicht um eine Jahreszahl handelte. Vielleicht um das Jahr, in dem alle seine Probleme gelöst werden würden, oder um eine andere Überraschung.

Zwei Tage später kam das Paket an. Es enthielt ein großes Holzschild mit der Aufschrift: »46,10«.

Als er das Schild umdrehte, las Bob auf der Rückseite: *»Seid stille und erkennet, dass ich Gott bin ... Psalm 46,10«* (Luther' 84).

Nach Psalm 46,10 leben

Was machen Sie, wenn Sie im Leben gefährlich nahe am Rand des Abgrunds stehen? So ist das Leben manchmal, und keiner von uns ist davon ausgeschlossen. Hier geht es nicht um die üblichen Probleme, die wir unter Kontrolle haben und lösen können.

Sondern es geht um jene Zeiten in unserem Leben, wenn wir nicht mehr wissen, wie es weitergehen soll. Dann können wir nur noch abwarten und zusehen.

Wenn Sie mich fragen, was man in solchen Krisenzeiten tun soll, dann würde ich sagen: Entspannen! Einfach nur entspannen! Und Sie würden sagen: »Stowell, Sie waren wohl noch nie verzweifelt in Ihrem Leben, denn wenn es so wäre, wüssten Sie, dass man sich nicht einfach entspannt.«

Aber Psalm 46 sagt genau das. Wenn Sie Gott fragten, was man tun muss, wenn man mutlos und verzweifelt ist, dann würde er sagen: »Entspann dich!« Die wichtigste Aussage in Psalm 46 ist Vers 10: *»Seid stille und erkennet, dass ich Gott bin.«*

Früher dachte ich immer, dass damit gemeint sei, einfach still zu sein. Meine Mutter sagte das in der Kirche immer zu mir. (Noch heute spüre ich, wie sie mich ins Bein kneift und streng sagt: »Joe, sei doch endlich *still*!«) Ich dachte also immer, dass man sich nicht mehr bewegen darf und auf Gott hören muss. Als ich dann später den Text genauer untersuchte, lernte ich, dass das hebräische Wort für »seid stille« nichts damit zu tun hat, Gott ungeteilte Aufmerksamkeit zu schenken. Es hat vielmehr mit *entspannen* zu tun. Eigentlich könnte der Vers geradezu wörtlich mit »Entspann dich, und erkenne, dass ich Gott bin« übersetzt werden.

Das hebräische Wort dafür ist sehr anschaulich. Es bedeutet *loslassen*. Wenn wir im Leben gefährlich nahe am Rand des Abgrunds stehen, wollen wir uns immer selbst um das Problem kümmern, es beeinflussen, kontrollieren und nach unserer Vorstellung lösen. Wir sind wie kleine Kinder, die sich immer bei ihren Eltern einmischen wollen. (Ich weiß nicht, warum Kinder, wenn sie helfen *wollen*, immer zu klein sind, aber wenn sie älter sind und helfen könnten, dann sind sie nicht mehr daran interessiert!).

Gott sagt, dass wir loslassen müssen, wenn unser Leben

gefährlich nahe am Rand des Abgrunds ist. Wir müssen aufhören, zu kontrollieren, zu manipulieren und alles zu versuchen, dass es irgendwie funktioniert. Wenn wir das nicht tun, machen wir gewöhnlich alles nur noch schlimmer.

Das hebräische Wort bedeutet auch *lockerlassen, entkrampft sein*. In schwierigen Zeiten wollen wir uns selbst in Sicherheit bringen und schützen. Wenn wir einfach locker bleiben und nichts tun, sind wir verletzlich. Aber genau das sagt Gott hier. Er sagt, dass wir aufhören sollen, selbst zu kämpfen, wir sollen loslassen, entkrampft sein, tief durchatmen und entspannen.

Hätte Gott nur das gesagt, dann wäre es uns wahrscheinlich unmöglich, das zu tun. Aber – Gott sei Dank – erklärt der Psalm, wie wir das machen sollen. Wir können nur zur Ruhe kommen, wenn wir etwas über Gott wissen. So wie es der Vers sagt: *»Seid still und erkennt ...«* Normalerweise reagieren wir nicht auf etwas, was wir wissen, sondern auf Gefühle. In schwierigen Zeiten werden wir oft durch unsere Gefühle motiviert, etwas zu tun – wie z.B. durch Angst oder Selbstmitleid. Unsere Gefühle bestimmen, wie wir reagieren. Bedenken Sie jedoch, dass Gott sagt, dass wir nur zur Ruhe kommen können, wenn wir unseren Verstand benutzen und uns von wahren, verlässlichen Erkenntnissen leiten lassen.

Mein Lieblingssportereignis waren die *Olympischen Winterspiele* 1980 in Lake Placid, New York. Die Olympiade fand in einer Zeit statt, als es Amerika, laut des früheren Präsidenten Jimmy Carter, nicht so gut ging. Der kalte Krieg war auf seinem Höhepunkt. Russland schien so mächtig und die USA so schwach zu sein. Im Iran wurden Amerikaner in Geiselhaft genommen, und als man die Geiseln befreien wollte, stürzten die Flugzeuge in einem Sandsturm in der Wüste ab. Mitten in dieser Zeit mussten wir die *Olympischen Winterspiele* ausrichten, bei denen all jene Europäer, die in Eis und Schnee lebten, kommen würden, um uns mal wieder zu blamieren – besonders beim Eishockey. (Das war zu der Zeit, als Berufssportler nicht an *Olympischen Spielen* teilnehmen durften. Daher mussten die USA ihre besten College Hockeyspieler gegen die russischen Supermänner ins Rennen schicken!).

Ich erinnere mich an den Sonntag, als wir gegen Russland spielten. Nach dem Gottesdienst gingen meine Frau Martie und ich mit den Kindern nach Hause. Martie ging in die Küche, um das Essen zu kochen, und ich, wie es sich für jeden guten Ehemann gehört, hielt von der Küche Abstand, nahm die Fernbedienung und lümmelte mich auf der Couch. Ich machte den Fernseher an, um zu sehen, wie das Spiel verlief, und ich konnte es nicht glauben – das US-Team lag vorne. Während ich das Spiel weiterverfolgte, fragte ich mich, ob wir gegen die russischen Spieler wirklich eine Chance hätten. Mir war richtig schlecht. Ich hatte doch für die ganze Couch bezahlt, aber an diesem Nachmittag benutzte ich nur die Kante! Im letzten Drittel lag das US-Team immer noch in Führung. Mir war klar, dass die Russen in den letzten fünf Minuten noch fünf Tore schießen würden und alles wäre zerstört. Ich hatte Unrecht. Als das Signal ertönte, hatten wir die Russen geschlagen!

Weil es so etwas Besonderes war, wurde das Spiel abends noch einmal im ganzen Land ausgestrahlt. Also machten Martie und ich uns Popcorn und sahen uns das Spiel an. Dieses Mal war es ein ganz anderes Erlebnis. Wir lehnten uns entspannt auf der Couch zurück und genossen Popcorn und Pepsi. Ich legte meine Füße hoch und war kein bisschen aufgeregt. Es war dasselbe Spiel, derselbe Ablauf, dieselben Spieler, dasselbe Eis, alles war identisch. Was war der Unterschied? Der Unterschied war, dass ich es schon kannte.

Wenngleich Psalm 46 nicht sagt, dass wir uns entspannen können, weil wir den Ausgang kennen, sagt er doch, dass wir ruhig sein können, weil wir den Einen kennen, der den Ausgang zustande bringt. Eigentlich ist es sogar besser, Gott, den Herrn über den Ausgang, zu kennen und ihm zu vertrauen, als das Ergebnis selbst zu kennen. Wüssten wir, wie alles ausgeht, dann würden wir vergessen, dass Gott es ist, der alles unter Kontrolle hat, und wir würden mit der Durchführung seiner Pläne nicht übereinstimmen. Wenn wir Gott und sein Wesen kennen und wissen, was er tun kann, dann können wir loslassen, ihm alles übergeben und locker sein, tief durchatmen und entspannen.

Ich komme immer an meine Grenzen, wenn ich Grußkarten kaufen muss. Als ich nach einer Glückwunschkarte für Martie suchte, fiel mein Blick auf eine Packung, auf der ein riesiger Berg Plätzchen und ein großes Glas eiskalte Milch abgebildet war. Ich war von dem Bild fasziniert und ich fragte mich, was wohl in der Schachtel war. Als ich sie aus dem Fach nahm, sah ich, dass es ein 500-Teile-Puzzle war.

Ich habe schon gesagt, dass ich kein Fan von Puzzles bin. Sie erinnern mich immer an Altenheime, wo halbfertige Puzzles auf dem Tisch liegen, und wo Leute, die auf dem Weg zum Essen sind, stehen bleiben und ein paar Teile einsetzen, wie bei einem gemeinsamen Projekt. Aber in jenem Augenblick in dem Geschäft wurde ich schwach. Ich musste das Puzzle kaufen, weil das Bild so unwiderstehlich war. Ich dachte sogar, dass es ein schönes Geschenk sei, weil Martie Plätzchen und Milch so sehr mag! Zu Hause öffneten wir die Schachtel und legten die Teile auf den Tisch. Dieses schöne Bild auf der Schachtel war jetzt nur ein Haufen voller Einzelteile, die auf dem Kopf lagen.

Manchmal ist das Leben auch so. Wenn wir nur die Einzelteile haben, sind wir ohne Hoffnung. Aber dann erinnern wir uns an das fertige Bild. Erst dann ergeben die Einzelteile einen Sinn. Psalm 46 sagt uns, dass Gott gewissermaßen das fertige Bild unseres Lebens ist. Wenn wir ihn kennen, dann wird uns zugesagt, dass hinter dem ganzen Chaos ein Sinn liegt und dass alle Dinge letztendlich zu seiner Herrlichkeit und zu unserem Besten geschehen. Was heißt denn überhaupt »Gott kennen«? Wir müssen uns davor hüten, ihn als eine himmlische Wolke zu sehen, bestehend aus göttlichen Staubteilchen, die durch das Universum wehen, und wir beten, dass er eines Tages nahe genug vorbeikommt, damit wir ihn sehen und fühlen können. Aber das Wunderbare an Gott ist, dass er »handfest« ist. Man kann ihn gewissermaßen »anfassen«. Es gibt über Gott ganz konkrete Tatsachen und daran können wir uns das ganze Leben lang festhalten. Es gibt ganz bestimmte, absolut wahre Tatsachen über Gott, und wenn wir diese Wahrheiten über Gott kennen und an ihnen festhalten, dann können wir uns entspannen und ihn wirken lassen.

Bevor wir diese Tatsachen untersuchen, sollten wir uns daran erinnern, dass Psalm 46 in einer besonderen Zeit in der Geschichte des Volkes Israel geschrieben wurde. 2. Chronik 20,1 beschreibt die damalige Situation: *»Und es geschah danach, da kamen die Söhne Moab und die Söhne Ammon und mit ihnen [einige] von den Meunitern zum Kampf gegen Joschafat.«* Das sind alles interessante Namen. Sie zeigen die drei mächtigsten militärischen Nationen in jener Zeit – und diese Nationen hatten sich gegen Joschafat zusammengeschlossen. Er stand in diesem Moment gefährlich nahe am Rand des Abgrunds.

Interessant ist auch, dass Joschafat einer der rechtmäßigen Könige Judas war. Uns wird gesagt, dass er – wie sein Vater Asa – sein ganzes Leben lang das tat, was recht war in den Augen des Herrn (V. 32). Das ist wichtig, weil manche denken, dass nur die Menschen schwierige Zeiten erleben, die es auch verdient haben, Menschen, die furchtbare Dinge getan haben, und dass Gott sie bestraft, indem er sie gefährlich nahe an den Rand des Abgrunds bringt. Ich will nicht sagen, dass Gott das manchmal nicht tut, aber es trifft nicht immer zu. Ich denke sogar, dass es häufiger vorkommt, dass gläubige und rechtschaffene Menschen gefährlich nahe an den Rand des Abgrunds gebracht werden. Joschafat blieb in einer Situation, über die er keine Kontrolle hatte, ein rechtschaffener Mann. Er hatte nicht die militärische Macht, um überhaupt von einem Überleben zu träumen. Nach menschlichem Ermessen war er erledigt.

Mir gefällt, wie ehrlich Joschafat in Vers 3 zugibt, dass er »*sich fürchtet*«. Es wird nicht gesagt, dass er sich in dieser Situation sicher und stark fühlte, obwohl er ein Mann Gottes war. Nein, er fühlte die gleiche Angst wie wir, wenn unser Leben bedroht ist – nämlich Verzweiflung und Angst und die ganze Zeit ein mulmiges Gefühl im Bauch.

Aber achten Sie darauf, was Vers 3 weiter über Joschafat sagt: »*Er richtete sein Angesicht darauf, den Herrn zu suchen.*«

Das ist sehr aufschlussreich. Wenn wir gefährlich nahe am Rand des Abgrunds stehen, wie sollten wir dann reagieren? Als Joschafat Angst hatte, wusste er genau, was zu tun war. Er wandte sich an Gott. Für manche von uns ist Gott die letzte Instanz. Wenn Schwierigkeiten auftauchen, ist es einfacher Gott anzuklagen, als ihm zu vertrauen.

Schauen wir uns noch mal Psalm 46 an. Wir sehen, warum wir uns an Gott klammern können, wenn das Leben außer Kontrolle gerät. In Vers 2 werden uns drei wahre Tatsachen über Gott gesagt, die man beachten sollte, wenn man in Schwierigkeiten ist. Die vierte Wahrheit steht in Vers 10. Die erste Wahrheit ist: Wir dürfen *wissen*, dass Gott *bereit ist, uns seine Kraft zu schenken*. »*Gott ist uns Zuflucht und Stärke, als Beistand in Nöten reichlich zu finden.*« Achten Sie auf das Pronomen. Es wird nicht einfach gesagt, dass er Zuflucht ist, sondern er ist *unsere* Zuflucht ist. Wir *wissen,* dass Gott uns *schützen* will, wenn unser Leben gefährlich nahe am Abgrund ist. Er stellt Zäune und Hecken um uns auf.

Er schenkt uns nicht nur seine Kraft und seinen Schutz, sondern wir *wissen* auch, dass er bei uns ist. Psalm 46,2 sagt, dass er *»als Beistand in Nöten reichlich zu finden«* ist. In den Versen 8 und 12 wird uns gesagt: *»Der HERR der Heerscharen ist mit uns und eine Festung ist uns der Gott Jakobs.«* Er ist bei uns, hilft uns und schenkt uns seine Gnade, so wie Paulus, als dieser einen Dorn im Fleisch hatte. Paulus konnte diesen Dorn nicht besiegen; er hatte keine Macht darüber und litt die ganze Zeit darunter. Paulus sagte, dass er in dieser Zeit erkannte, dass Gottes Gnade ihm genügte (2. Korinther 12,9). Gott hilft uns und gibt uns die Kraft durchzuhalten.

Denken Sie an das Leben Josefs. Immer wieder stand er gefährlich nahe am Abgrund. Obwohl er ein guter aufrichtiger junger Mann war, wurde er von seinen Brüdern in einen Brunnen geworfen und dann in Ägypten als Sklave verkauft. Dort versuchte die Frau seines Herrn jeden Tag, ihn zu verführen. Als er sie abwies, verleumdete sie ihn und er wurde ins Gefängnis geworfen. Auch dort war Gott bei Josef, trotz aller weiteren Schwierigkeiten. Im 1. Buch Mose wird immer wieder betont: *»Gott war mit Josef«* (1Mo 39,3.23; Apg 7,9)

Auch wir dürfen *wissen*, dass Gott *in unserem Leiden verherrlicht wird*, so wie der Psalmist im 11. Vers bezeugt: *»Ich werde erhöht sein unter den Nationen, erhöht auf der Erde.«* Gottes Ansehen wird durch Leid und Krisenzeiten im Leben geprägt. In einer Welt voller Menschen, die ihn nicht kennen, ragen wir heraus wie Leuchttürme im Meer. Wenn wir unseren Glauben ehrlich bekannt haben, dann werden die meisten Menschen wissen, dass wir zu Gott gehören. Sie beobachten uns, wenn wir Leid und Krisen durchleben und gefährlich nahe am Rand des Abgrunds stehen, um zu sehen, wie wir reagieren und wie Gott mit uns handelt.

Was tut Gott für uns in diesen Zeiten? Wir müssen uns daran erinnern, dass er dadurch verherrlicht wird, dass unser Kummer nicht umsonst ist, er uns nicht einfach verkümmern und dort draußen sterben lässt. Durch unser Leben wird er verherrlicht. Vielleicht nicht heute, vielleicht auch nicht nächstes Jahr, und vielleicht auch erst auf der anderen Seite, wenn wir zu Hause ankommen. Aber Gott wird es beweisen, und er wird in all unseren Schwierigkeiten verherrlicht und erhöht werden. Er wird in unserem Leben niemals etwas zulassen, was er nicht zu seiner Verherrlichung benutzen kann, zum Nutzen seines Königreichs und letztendlich zu unserem Besten. Durch die ganze Schrift hindurch erhebt Gott nicht nur Anspruch darauf, sondern er beweist es auch. Wir können entspannen und ruhig sein und tief durchatmen, weil wir Gott kennen.

Es ist interessant, wie Gott Joschafats Problem löste. Joschafat ließ ganz Juda versammeln:

>*Und* [auf] *Jahasiel, den Sohn Secharjas, des Sohnes Benajas, des Sohnes Jehiels, des Sohnes Mattanjas, den Leviten, von den Söhnen Asafs, auf ihn kam der Geist des HERRN mitten in der Versammlung. Und er sprach: Merkt auf, ganz Juda und ihr Bewohner von Jerusalem und du, König Joschafat! So spricht der HERR zu euch: Fürchtet euch nicht und seid nicht niedergeschlagen vor dieser großen Menge! Denn der Kampf ist nicht eure [Sache], sondern Gottes!*« (2Chr 20,14-15).

Die drei Armeen bedrohten immer noch die Israeliten, die wussten, dass sie am nächsten Tag gegen sie kämpfen mussten. Ich finde es interessant, dass sie nicht nervös wurden und sich auf ihren Kampf vorbereiteten. Stattdessen ermutigte der Prophet Jahasiel das Volk und erinnerte es daran, dass der Kampf und der Ausgang Gottes Sache sei. Man rief die Sänger herbei, die Loblieder für Gott sangen!

Wie einzigartig war das doch. Normalerweise würde man denken, dass ein Gottesdienst zum Lobe des Herrn erst dann stattfindet, nachdem Gott sich um das Problem gekümmert hat. Wann haben Sie und ich inmitten schwieriger Zeiten die Stimme erhoben und Gott für das, was er noch tun würde, gelobt? Aber genau das ist die Aussage von Psalm 46,10. Die Menschen dachten an alles, was sie über Gott wussten, und dieses Wissen erfüllte ihr Herz mit Lob. Sie lobten Gott, noch bevor sie den Ausgang kannten.

Am nächsten Morgen standen sie auf und gehorchten Gott. Sie versammelten ihre Armee und gingen hinaus, um dem Feind zu begegnen. Ich muss jedoch dazu bemerken, dass die militärische Strategie Joschafats an diesem Morgen, als er seine Armee befehligte, mir ein wenig naiv erscheint. Wenn ich gegen solche feindlichen Armeen kämpfen müsste, dann hätte ich meine Elitesoldaten an die Front geschickt, um so schnell wie möglich den größtmöglichen Schlag auszuführen. Aber Joschafat stellte die Sänger an die Spitze. Als seine Truppen losmarschierten, um auf die feindlichen Armeen zu treffen, zogen die Musiker vor ihnen her und sangen Loblieder.

Gefällt Ihnen nicht auch, auf welch erfrischende Art und Weise diese Menschen mit schwierigen Situationen im Leben umgingen? Nach dem Gehorsam folgte ein Gottesdienst. Schauen Sie sich dann den Ausgang an. In der vorhergehenden Nacht sandte Gott Verwirrung unter die feindlichen Armeen, die sich in der Dunkelheit gegenseitig umbrachten. Als Joschafats Truppen an den Rand des Abhangs kamen und in das Tal schauten, sahen sie, dass alle Feinde vernichtet waren. Nicht einer war entkommen.

Wenn Gott sich um unsere Probleme kümmert, dann können wir sicher sein, dass dies auf bestmögliche Art geschieht. Nichts wird unerledigt bleiben. Der Kampf ist nicht unsere Sache. Er ist die Sache des Herrn.

Weil Joschafat und Juda Gott vertrauten, ihn lobten und ihm gehorchten, offenbarte Gott sich liebevoll und auf dramatische Art.

Unseren geistlichen Blutdruck messen

Wie können wir unseren geistliche Blutdruck messen, wenn wir Angst und Kummer haben? Psalm 46 und sein geschichtlicher Hintergrund gibt uns mindestens vier Punkte, wie wir herausfinden können, wie es uns geht.

Der erste Punkt ist Joschafats Antwort: *Wir sollen uns dem Herrn zuwenden.* Entweder blicken wir auf den Herrn, entspannen uns und erkennen an, dass er alles unter Kontrolle hat oder wir wenden uns von ihm ab, um uns auf unsere eigene Fähigkeit zu verlassen – und machen uns letztendlich selber krank, bekommen hohen Blutdruck, sind verzweifelt, haben Angst und sind ohne Hoffnung. Wenn wir uns dem Herrn zuwenden, dann ist dies das erste Zeichen dafür, dass wir anfangen, uns zu entspannen. Je länger wir Gott anschauen und seine gewaltige Macht, desto kleiner werden unsere Probleme. Es gibt im Leben kein Problem, das größer ist als Gott.

Der zweite Punkt ist: Wenn wir auf Gott sehen, dann müssen wir *an ihn glauben*, ihm vertrauen. Warum hielten die Sänger einen Gottesdienst, bevor sie in die Schlacht zogen? Weil sie alles, was sie über Gott wussten, auch glaubten. Der Levit Jahasiel hatte gesagt: *»Der Kampf ist nicht eure Sache sondern Gottes.«* Joschafat und die Leviten glaubten, dass in Gottes Händen der Ausgang des Kampfes sicher war.

Der dritte Punkt ist, dass wir *inmitten all unserer Schwierigkeiten Gott loben und preisen* müssen. Das bedeutet nicht, dass wir nicht weinen werden, nicht verzweifelt sind oder keine Probleme und Schwierigkeiten mehr haben. Gott verspricht nicht, uns von den Symptomen unserer Probleme zu erlösen. Er verspricht aber, bei uns zu sein und uns durch die Schwierigkeiten hindurch zu tragen. Trotz großer Angst wollen wir ihn inmitten unserer Not anbeten. Wir sagen, dass er gut ist, dass wir ihm vertrauen und er uns beisteht. Das ist echter Gottesdienst, denn wir haben uns im Glauben an ihn gewandt.

Viertens: *Wir werden treu sein.* Treue trotz widriger und schwieriger Umstände, die Gott zulässt. Gott sagte Joschafat, er solle dem Feind bei Tagesanbruch entgegengehen. Joschafat und seine Männer vertrauten und gehorchten Gott, auch wenn es ihre Vernichtung bedeutet hätte.

In schwierigen Lebenssituationen verlieren wir schnell unser Gottvertrauen. Wenn ein Feind oder anderer Mensch uns Probleme bereitet, dann ist es einfacher, darauf mit Rache, Hass und Bitterkeit zu reagieren. Treue fordert von uns die schwere Aufgabe der Vergebung. Wenn das Leben uns gefährlich nahe an den Rand des Abgrunds bringt, dann ist es einfacher, Gott untreu zu sein und das Vertrauen zu ihm zu verlieren. Es ist einfacher, daran zu zweifeln, dass er es noch immer gut meint. Es ist einfacher zu glauben, dass es ihm egal ist. Es ist einfacher, sich von ihm verlassen zu fühlen. Aber unsere Beziehung zu ihm aufrechtzuerhalten, bedeutet, dass wir niemals aufhören dürfen, uns an ihn zu klammern, auch wenn wir uns ganz anders fühlen. Treu sein bedeutet, dass wir bereit sind, für Gott auch in schwierigen Zeiten Leiden auf uns zu nehmen.

Treu sein bedeutet, in der Gemeinschaft mit Gott zu bleiben und so an ihm festzuhalten, dass für uns Treulosigkeit nie zur Debatte steht.

Sich Gott zuwenden, an ihn glauben, ihn loben, ihm treu sein. Dann wissen wir, ob wir gelernt haben, ruhig und entspannt zu sein, und ob wir ihn erkannt haben. Genau das bedeutet Vertrauen unter großer Belastung.

Ich muss noch ein Wort der Warnung aussprechen. Wir dürfen nicht vergessen: Gott allein bestimmt den Ausgang und das heißt, auch den *Zeitpunkt*. Vielleicht glauben wir, dass am Montag all unsere Probleme gelöst sind, wenn wir die vier Punkte eingehalten und gelernt haben, entspannt und mit ihm verbunden zu bleiben. Für Joschafat war es gut, dass sein Problem nur von kurzer Dauer war. 2. Chronik 20 ist eine Geschichte mit kurzem Kummer und einem glücklichem Ende. Manchmal ist das so, manchmal aber nicht.

Ich bin davon überzeugt, dass Hiob nie wirklich verstand, warum er so lange so viel Schweres erleben musste. Er litt aus keinem weltlichen Grund, sondern weil Gott es so zugelassen hatte. Satan beleidigte Gott, indem er sagte, dass Hiob nicht umsonst so gottesfürchtig sei. Gott hätte ihn sozusagen »gekauft«, weil er Hiobs Leben gesegnet habe. Er forderte Gott heraus, alles, was er Hiob gegeben habe, wegzunehmen. Dann würde sich zeigen, ob Hiob ihm treu bleiben oder ihn verfluchen würde. Er glaubte nicht, dass Hiob Gott loben und preisen würde, wenn er in Not wäre. Eigentlich sagte er, dass Gott es nicht wert sei, gelobt zu werden, wenn das Leben schwierig wird. Wenn wir die Geschichte Hiobs lesen, dann wissen wir, was auf dem Spiel steht und möchten ihm Mut machen, stark zu bleiben. Hiobs Leid hatte keine irdische Ursache. Gott hatte nicht die Absicht, Hiobs Charakter durch Leiden zu veredeln. Was damals geschah, geschah aus Ursachen, die in einer anderen Welt lagen.

Bei der Erziehung unserer Kinder war manchmal unser einziger Trost und unsere einzige Hoffnung, wenn wir sagten: »Auch das geht vorüber.« Auch als Gläubige haben wir die Hoffnung, dass nichts ewig dauert, egal was passiert. Unsere Probleme und Schwierigkeiten werden nicht nur gelöst, sondern ergeben auch einen Sinn. Wir werden erkennen, dass unser Kampf etwas Gutes war, dass er für die Herrlichkeit und ein

Gewinn für das Königreich war. Deshalb müssen wir vorsichtig sein und dürfen in dieser Welt keine falschen Hoffnungen hegen. Gott möchte, dass wir gelassen und ruhig bleiben und ihm die Lösung der Probleme überlassen. Und das gilt nicht nur für den Zeitpunkt des Ausgangs, sondern auch dafür, wie er alles löst. Gott bestimmt, auf welche Art und Weise das Problem gelöst wird. Gewöhnlich stellen wir uns schon vor, wie Gott etwas machen soll. Aber wir sollten ihm das Problem überlassen und alles ruhig und gelassen seiner Macht, seiner Gegenwart, seinem Schutz und seiner Ehre anvertrauen. Überlassen Sie ihm die Führung. Unsere Aufgabe ist es, bis zum Ende treu mit ihm verbunden zu bleiben.

Ich habe einmal die Möglichkeit gehabt, bei *CoMission* mitzuarbeiten. Diese Gruppe besteht aus Mitgliedern verschiedener christlicher Organisationen der USA, die unter Lehrern an Schulen der früheren Sowjetunion arbeiten. Mitarbeiter von *CoMission* halten für russische Lehrer Kurse über christliches Leben und Ethik ab, damit diese wiederum ihr Wissen an ihre Schüler weitergeben können. In der früheren kommunistischen Hochburg, die einst das Bildungssystem benutzte, um die zukünftigen Generationen der Sowjetunion mit dem gottlosen Kommunismus zu indoktrinieren, konnte jetzt das Evangelium Einzug halten. Dank der Arbeit und Ernte der Organisation *CoMission* wird der Himmel stark bevölkert sein.

Merkwürdig ist, dass das Ministerium für Bildung in Russland uns zu dieser Arbeit einlud. Wir haben uns oft gefragt, warum ein hoher Funktionär des Bildungsministeriums namens Alexi Brudenov so etwas tun sollte. Eines Tages erfuhren wir den Grund.

Ende der achtziger Jahre, zu Beginn der *Perestroika* und bevor es *CoMission* gab, wurde Paul Eshleman, der mit *Campus Crusade* das Projekt *Jesus-Film* leitete, gebeten, den Film auf einem Festival in Moskau zu zeigen. Er staunte nur über die unglaubliche

Gelegenheit, die sich ihm öffnete. Er unterzeichnete mit den Kinoeigentümern in Russland einen Vertrag, damit der Film in der ganzen Sowjetunion gezeigt werden konnte. In dem Vertrag gab es eine besondere Klausel, die besagte, dass der Film, während er noch in den Kinos lief, nicht im Fernsehen gezeigt werden dürfe, um die Kinoeigentümer vor finanziellen Verlusten zu schützen.

Nur einige Wochen nachdem der Vertrag unterzeichnet und an die Kinos und Theater geschickt worden war, stellte sich heraus, dass die Kontaktperson, die bei der Ausarbeitung des Vertrages geholfen hatte, die Vertragsrechte auch an Fernsehproduzenten verkauft und somit den Vertrag gebrochen hatte. Paul dachte, dass alles zunichte gemacht worden sei. Wie traurig und beschämend war es doch, dass eines der ersten legalen Abkommen westlicher Evangelikaler mit einem sowjetischen System gebrochen worden war. Das sollte aber *nicht* bedeuten, dass Gott den Film nicht wirken lassen konnte.

Einige Jahre, nachdem der Film in Russland bekannt geworden war, sagte Alexi Brudenov bei einem Abendessen in Moskau: »Erst heute kann ich erzählen, dass ich sehr neugierig wurde, als ich vor einigen Jahren zu Hause die letzten zehn Minuten des *Jesus-Films* sah. Ich hatte vorher noch nie so einen Film gesehen. Später kam ich an einem Kino vorbei, das für den *Jesus-Film* Werbung machte. Ich musste zweimal weinen. Ich weinte, als ich sah, wie man Christus ans Kreuz nagelte, und ich weinte, als ich am Ende des Films Jesus Christus als meinen Erlöser annahm.«

Hier hatte eine Begegnung mit der Souveränität und Weisheit Gottes stattgefunden. Inmitten aller politischen Unruhen in Russland hatte Gott gehandelt und einen Weg gebahnt, damit ein Funktionär für Jesus Christus gewonnen werden konnte. Dadurch wurde auf der Bildungsebene in der ganzen Sowjetunion die Tür für das Evangelium geöffnet!

Nehmen Sie Kontakt zu Gott auf, bis Sie erleben, wie er das ganze Chaos zu einem großartigen und herrlichen Ausgang bringt. Verbinden Sie sich mit Gott, nehmen Sie seine Führung an. Halten Sie im Glauben daran fest und lassen Sie nie los. Innige Gemeinschaft mit Gott erfahren wir dann, wenn wir erkennen, dass er in unserem Leben wirklich gegenwärtig ist. Dann stehen wir voller Ehrfurcht vor ihm und sehen, wer er ist und was er in und durch uns tut.

Wildwasserfahrt

Haben Sie jemals eine Wildwasserfahrt mitgemacht? Dann wissen Sie wahrscheinlich, dass der Gefährlichkeitsgrad dabei auf einer Skala von 1 bis 6 gewertet wird. Grad 6 bedeutet lebensgefährlich. Die Fahrt, die ich mitmachte, wurde mit 2 bewertet. Als ich in das Boot stieg und wir den Fluss hinunterfuhren, fragte ich mich, *was denn so Besonderes dabei sei. Das sah doch gar nicht so schwer aus.* Es war ein wunderschöner Tag. Am Ufer blühten Blumen und Bäume, und die Vögel zwitscherten. Ich setzte mich in das Boot und dachte, wie toll das sei. Dann hörte ich etwas, ich konnte aber noch nichts sehen.

Haben Sie in Ihrem Leben jemals eine Vorahnung gehabt?

Als das Boot um die Kurve bog, sah ich Wasserschwaden und die Gischt. Je näher wir kamen, desto lauter wurde es. Ich sah scharfe Felskanten und tosendes Wasser. Wenn das erst Schwierigkeitsstufe 2 war, dann hätte ich Stufe 3 bestimmt nicht mitgemacht! Ich hielt mich am Boot fest und schaute zum Bootsführer im Heck, der uns mit seinem Ruder durch die Stromschnellen manövrierte, ob er besorgt aussah. Immer wieder tauchten wir unter. Ich hielt die ganze Zeit die Luft an. Es war ein Alptraum! Langsam beruhigte sich jedoch das Wasser und es war nicht mehr so gefährlich. Ich konnte mich wieder zurücklehnen und die Fahrt durch das Wildwasser genießen.

Interessant war, dass der Typ mit dem Ruder im Heck des Bootes überhaupt kein Zeichen von Angst zeigte. Er war schon oft durch diese Stromschnellen gefahren. Er kannte jeden Stein und jede Stromschnelle. Er kannte den ganzen Flussverlauf. Solange er in meinem Boot war, konnte ich ganz entspannt die Bootsfahrt durch das Wildwasser genießen können.

Das Leben ähnelt sehr einer Wildwasserfahrt. Wir müssen nur wissen, wer mit uns im Boot sitzt.

Wenn wir auf Gott vertrauen, sind wir niemals allein. Gott sitzt mit uns im Boot. Immer. Er ist mit Menschen wie Ihnen und mir schon viele Male durch stürmische Zeiten gegangen. Er kennt alle Steine und Felsen. Er weiß, wie er uns sicher hindurchleitet. Und das Beste ist, dass er niemals unser Boot verlassen wird. Gefährlich wird es nur, wenn wir das Ruder selbst in die Hand nehmen, um durch die Stromschnellen hindurch zu manövrieren.

Aber alle, die mit ihm zutiefst verbunden sind, können tief durchatmen, sich entspannen und Gott kennenlernen. Dabei kommen sie direkt und ganz persönlich mit Gottes bewahrender Macht in Berührung. Sie werden die nächsten Stromschnellen überwinden, ihn dabei immer besser kennenlernen und viel schneller entspannen. Es ist ein Vorrecht, dass nur jene, die durch ihr Vertrauen mit ihm verbunden sind, dies erfahren dürfen.

KAPITEL 10
HOHE ERWARTUNGEN
Die Wahrheit über innige Vertrautheit erkennen

»Und ich kehre zurück ins Haus des HERRN lebenslang.«
Psalm 23,6

Wenn Sie dieses Buch lesen, weil Sie glauben, dass innige Gemeinschaft mit Gott wie ein Windstoß des Heiligen Geistes über Sie kommt; dass dies jeden Tag 24 Stunden lang für den Rest Ihres Lebens anhält und Sie mit einem wohlig warmen Gefühl ums Herz den allmächtigen Gott des Universums immer spüren und ihn permanent und begeistert lobpreisen, dann wird dieses Kapitel Sie enttäuschen. Wenn dies gar die Hoffnungen und Träume Ihrer Seele bei der Suche nach inniger Gemeinschaft mit Gott sind, dann schätze ich, dass Sie das Kapitel erst gar nicht durchlesen werden.

Unsere Sehnsucht nach enger Gemeinschaft mit Gott muss auf der Grundlage biblischer Wahrheit gestillt werden, damit wir nicht mehr wollen, als Gott uns verheißen hat. Was können wir nach Gottes eigener Aussage wirklich von ihm erwarten, wenn wir mit ihm enge Gemeinschaft haben wollen?

Eigentlich geht es darum, welche Erwartungen wir haben. Was passiert, wenn wir von unserem Partner erwarten, dass er zu einer bestimmten Uhrzeit zum Abendessen zu Hause ist und er ist unpünktlich? Oder wenn wir von unserem Sohn erwarten, dass er pünktlich nach Hause kommt, damit wir das Auto haben und rechtzeitig zu einer Verabredung kommen, und er verspätet sich? Dann haben wir ein Problem. Was ist, wenn wir von einer Freundschaft erwarten, dass sie uns glücklich macht, uns bereichert und unproblematisch ist, und dann ist es nicht so? Was ist, wenn wir eine Lohnerhöhung, eine Zulage, eine Beförderung erwarten und nichts passiert? Wir werden zwangsläufig enttäuscht, entmutigt und schließlich verzweifelt sein, wenn unsere Erwartungen überhaupt nicht erfüllt werden.

Vor einiger Zeit sprach ich mit zwei führenden christlichen Seelsorgern unseres Landes. Ich fragte sie, welches Hauptproblem im Leben der Menschen ihrer Meinung nach am weitesten verbreitet sei. Ohne zu zögern sagten sie: »Bitterkeit. Die steht an erster Stelle.« Sie sagten auch, dass Bitterkeit oft ihre Wurzeln in ungenügend definierten Erwartungen und falschen unangemessenen Hoffnungen hat. Wenn wir vom Leben erwarten, dass es schön ist, oder wenn wir glauben, dass Menschen uns nicht benutzen, manipulieren, ignorieren, missverstehen oder missbrauchen, wenn wir etwas Unrealistisches erwarten, dann lässt es sich nicht vermeiden, dass unsere Träume zu Albträumen werden.

Die Heimkehr ist ein Prozess

Zufriedenheit und Erfüllung, Sicherheit und Geborgenheit in unserer Beziehung zu Gott ist ein Prozess. Zu viele von uns sind bei dem Versuch mit Gott Gemeinschaft zu haben entmutigt worden, weil sich ihre Hoffnungen nicht schnell genug erfüllt haben und ihre Erfahrungen nicht ihren Erwartungen entsprachen.

Welche Erwartungen sind realistisch? Wir haben gelernt, dass wir uns zuerst darum kümmern müssen, was uns von zu Hause – von der Gemeinschaft mit Gott – trennt und fernhält. Das ist unsere Pflicht. Gott sucht bußfertige Herzen, die ihm vollkommen vertrauen, damit er in ihnen Wohnung nehmen kann.

Nachdem man sich um die Ursache für die Trennung von Gott gekümmert hat, sollte man sich als Nächstes auf den Weg zurück zu Gott machen und immer wieder den Dingen treu bleiben, bei denen man Gottes Gegenwart und seine Nähe erlebt. Wenn wir dem Streben nach Gemeinschaft mit Gott treu bleiben, dann wird auch er treu bleiben und zu seiner Zeit und auf seine Art uns seine enge Gemeinschaft schenken. Jeder von uns wird ihn auf unterschiedliche Weise erfahren, zu unterschiedlichen Zeiten und unterschiedlich stark. Gottes treue und stetige Gegenwart in unserem Leben wird ein lebenslanger Wachstumsprozess sein.

Gemeinschaft mit Gott sollte nicht über persönliche Erfahrungen definiert werden. Persönliche Erfahrungen sind zu subjektiv, zu verschieden und zu einzigartig und daher nicht allgemeingültig. Gott begegnet uns Menschen auf unterschiedliche Art – sowohl emotional, intellektuell oder geistig. Jeder von uns macht einzigartige Erfahrungen. Wenn wir die Beziehung zu Gott danach definieren, wie sie zum Ausdruck kommt und wie es sich anfühlt, dann wird dies zwangsläufig eine einseitige, individuelle Beschreibung sein. Somit ist die Enttäuschung anderer Menschen schon vorprogrammiert. Wenn wir Biografien über Christen lesen oder von Menschen hören, wie sie Gott begegnet sind, dann sollten wir unsere eigenen Erfahrungen nicht mit ihren messen oder vergleichen. Gott begegnet uns dort, wo wir sind und nicht dort, wo andere sind.

Auch wenn jeder ganz unterschiedliche Erfahrungen mit Gott macht, gehen wir doch alle den gleichen Weg zurück nach Hause. Wir leiten den Prozess ein; Gott antwortet darauf ganz individuell. Das ist die Lehre der Heiligen Schrift, wenn sie uns sagt: *»Naht euch Gott, und er wird sich euch nahen«* (Jak 4,8). Dies ist eine Aussage über einen Vorgang.

Ich erinnere mich an ein Gespräch mit einem Experten für Qualitätskontrolle über seine Arbeit als Berater bei führenden amerikanischen Unternehmen. Ich habe immer gedacht, dass Qualitätskontrolle etwas damit zu tun hat, dass man am Ende eines Fließbandes steht, die Produkte kontrolliert und bei Mängeln erneuert. Falsch! Er erklärte mir, dass die Qualitätskontrolle von einem effektiven und effizienten Produktionsablauf abhängt. Wenn der Prozess gut ist, dann ist auch die gute Qualität des Produkts gewährleistet. Der Prozess gewährleistet das Produkt.

Gut entwickelte Prozesse hängen von klaren Definitionen ab. Wenn unsere Definitionen nicht richtig sind, dann wird der ganze Prozess in die falsche Richtung geleitet und missverstanden.

Innige Gemeinschaft mit Gott muss richtig verstanden werden, man muss wissen, was sie bedeutet und was nicht und wie eine Beziehung möglich ist, wenn wir uns wirklich Gott nähern wollen.

Wie lautet die genaue Beschreibung des Prozesses, der den Blick unserer Seele auf Gott gerichtet hält? Das Streben nach inniger Gemeinschaft mit Gott ist eine *bewusste Entscheidung. Man will sich Gott nähern, und während dieses Vorgangs lernen wir ihn immer besser kennen, die Beziehung wird immer enger und unser Vertrauen zu ihm immer größer. Wir erkennen, dass er die einzige Quelle ist, die uns Zufriedenheit und Erfüllung, Sicherheit und Geborgenheit geben kann.*

Das Streben nach inniger Gemeinschaft mit Gott ist ein Vorgang, für den man sich bewusst entscheiden muss. Dieser Prozess ist ein lebenslanges Abenteuer, das zunehmend an Erfüllung und Bedeutung gewinnt. Es ist insofern eine bewusste Entscheidung, weil niemand in diese Gemeinschaft einfach so hineingezogen wird. Wir müssen uns aktiv darum bemühen und uns darauf konzentrieren.

Dieses Bemühen ist eine persönliche Entscheidung unsererseits, Gottes Grundsätze in unserem Leben unermüdlich und mit ganzer Entschlossenheit anzuwenden. Wie wir gesehen haben, sind es folgende Grundsätze:

- Buße und Umkehr in unserer Gesinnung und unseren Taten
- Aufgeben unserer Unabhängigkeit und vollkommene Abhängigkeit von Christus
- bewusst Verbindung mit ihm aufnehmen und stetig im Gespräch mit ihm bleiben
- Verbundenheit mit Gottes Schöpfung, mit seinem Wesen und seiner Führung; mit ihm verbunden sein in der Anbetung, in Krisenzeiten und im treuen Gehorsam

Wenn ich mich verbindlich für diese Prinzipien entscheide, so schärft das meinen Sinn für das Wesen meines Herrn, es stärkt mein Vertrauen zu Jesus und meine Gemeinschaft mit ihm. Das Streben nach inniger Gemeinschaft mit Gott bedeutet ein Leben führen, das meine Seele mit der Zufriedenheit und Erfüllung, Sicherheit und Geborgenheit seiner Gegenwart füllt. Es bedeutet auch, dass die innere Verbundenheit mit Christus immer tiefer wird und ich mir bewusst werde, dass er letztendlich die Quelle für alles ist, was ich brauche.

Fünf Mythen über die innige Gemeinschaft mit Christus

Wir müssen uns nicht nur klarmachen, was man unter inniger Gemeinschaft versteht, sondern wir sollten auch auf Mythen achten, die den ganzen Prozess zunichte machen. Wenn wir etwas analysieren, sollten wir nicht nur klären, was nicht wahr ist, sondern auch, was der Wahrheit entspricht.

Mythos 1: Wenn wir innige Gemeinschaft mit Gott haben, geht es darum, was er für uns tut, wenn wir uns ihm nahen.

Innige Gemeinschaft sollte nie davon motiviert sein, was Gott für uns tun könnte, sondern davon, was wir für ihn tun können.

Im Jahre 1985 kam die *East Division* der *American League* zum Ende der Saison in das Endscheidungsspiel. Frank Tanana stand für die *Detroit Tigers* auf der Abwurfstelle und führte sein Team mit 2 zu 1 in den Sieg. Ich kann mich immer noch an das Bild von Frank erinnern, das ihn glücklich mit erhobenen Armen auf der Titelseite der *USA Today* des nächsten Tages zeigt und wie man ihn als großartigen Werfer lobte und feierte.

Einige Tage später spielte Frank bei der Meisterschaft der *American League* wieder als Werfer. Könnten die *Tigers* diese Meisterschaft für sich gewinnen, hätten sie es in das Finale der amerikanischen Baseball-Profiligen geschafft. Aber Frank spielte dieses Mal nicht so gut. Tatsache ist: Die *Tigers* verloren das Spiel und somit letztendlich auch die Meisterschaft. Dieses Mal sprach man nur über Franks mittelmäßige Leistung.

Da ich Franks Pastor war, fragte ich ihn einige Tage nach dem Spiel: »Wie gehst du damit um, in einem Moment der Held zu sein und im nächsten der Verlierer?« Er sagte zu mir: »Joe, ich habe vor langer Zeit etwas über Baseballfans gelernt. Baseballfans leben alle nach dem Motto ›Was hast du heute für mich getan?‹ Nur das zählt.«

Als ich später über seine Aussage nachdachte, wurde mir klar, dass auch viele Gläubige so denken. Wenn wir an innige Gemeinschaft mit Christus denken, fällt uns schnell ein: »Was hat Gott in *letzter Zeit* für mich getan?« Wir neigen dazu, die Qualität unserer Beziehung zu ihm daran zu messen, was er für uns getan hat und wie häufig und intensiv er in unser Leben eingegriffen hat. Gibt es unter uns jemanden, der das Wesen Gottes und die Qualität unserer Beziehung zu ihm noch nie daran gemessen hat, wie oft er in unserem Leben handelt und wie viel Gutes und Beeindruckendes er tut?

Wenn das unsere Erwartungen sind, werden wir schnell das Interesse verlieren, entmutigt sein, und unsere Beziehung zu ihm kann nicht mehr funktionieren. Ich selbst habe mich in meinem Leben oft betrogen gefühlt. Wenn mir jemand erzählt, auf welche wunderbare und außergewöhnliche Art Gott in sein Leben eingegriffen hat, dann frage ich mich, warum Gott so etwas in meinem Leben noch nie getan hat.

Fühlen Sie sich manchmal unnormal – geistlich unnormal –, weil Gott anscheinend nicht so viel für Sie tut? Haben Sie jemals gedacht, dass Ihnen geistlich etwas fehlt, so als wären Sie Gott gar nicht so wichtig? Oder haben Sie jemals das Gefühl gehabt, dass er zwar der Gott unserer Väter gewesen ist, aber in unserer Generation nicht mehr seines Amtes waltet? Das ist fast so wie bei *Alice im Wunderland* von Lewis Carroll, wo folgende Beschwerde vorgebracht wird: »Morgen Marmelade und gestern Marmelade, aber nie Marmelade heute.«

Ich glaube, das ist der Grund, warum so viele von uns von irgendwelchen geistlichen Erlebnissen so verführt werden. Wenn sich das Erlebnis auch noch christlich nennt, sei es noch so wild und abgefahren, stürzen wir uns darauf, weil wir glauben, dass Gott etwas »Reales« für uns tut. Anstatt treu und beständig auf dem Weg des Pilgers bei Gott zu bleiben, warten wir am Straßenrand auf ein heiliges Almosen. Es ist immer einfacher, sich für den schnellen Treffer, den geistlichen Adrenalinkick zu entscheiden, als sich auf den langen Weg zu konzentrieren.

Die Parkaufseher im *Yellowstone Park* erzählen, dass die Menschen trotz der vielen Schilder »Bitte keine Bären füttern« das immer wieder tun. Das hat zur Folge, dass die Aufseher in den Wäldern tote Bären finden, die vor Hunger gestorben sind, weil keine Touristen sie gefüttert haben. Ohne Nahrung sterben die Bären innerhalb von zwei Wochen, obwohl es in den Wäldern genug zu essen gibt! Die Bären hätten das tun sollen, wozu sie geschaffen worden sind. Stattdessen mussten sie sterben, weil sie versuchten, auf die leichte Art zu überleben.

Auch wir sind wie diese Bären. Gott hat uns mehr als genug zur Verfügung gestellt, wenn wir Kontakt mit ihm aufnehmen, indem wir die biblischen Gebote halten, beten, in der Bibel lesen und Gemeinschaft mit anderen Christen haben. Wenn wir treu sind, wird keiner von uns verhungern. Vielmehr sollte unser geistlicher Hunger uns dazu bringen, mehr vom guten Wesen Gottes kennenlernen zu wollen. Gott möchte unsere Kraftquelle sein, trotzdem suchen wir immer nach den flüchtigen Momenten seiner Gegenwart. Ich frage mich manchmal, ob es im Himmel Schilder mit der Aufschrift gibt »Christen bitte nicht füttern!« Innige Gemeinschaft hat nicht mit heiligen Almosen zu tun. Unerschütterliche Treue zu Gott ist das Kennzeichen für die innige Gemeinschaft mit ihm.

Diese Tatsache zeigt sich auch im Leben Abrahams. Gott brachte ihn dazu, Ur, das Land der Chaldäer, zu verlassen. Dabei gab er ihm viele Verheißungen (1Mo 12). Abraham gehorchte Gott, obwohl er den verheißenen Sohn noch nicht bekommen hatte. Als Sarah zu alt wurde, um noch ein Baby zu bekommen, waren sie und Abraham über Gottes Willen sehr erstaunt. Sie versuchten sogar, seine Verheißung aus eigener Kraft zu erfüllen. Trotzdem betete Abraham Gott weiter an und pflegte Gemeinschaft mit ihm. Gott hielt sein Versprechen, und Isaak wurde geboren. Später, als Gott Abraham sagte, er solle Isaak opfern, blieb Abraham treu und wollte Gott gehorchen. Wieder hielt Gott sein Versprechen, indem er Isaaks Leben verschonte. Abraham hatte sich entschieden, Gott gehorsam zu bleiben, und Gott griff immer wieder ein und ließ die Beziehung zu ihm immer tiefer werden.

Es ist leicht zu glauben, dass auch wir treu wären, wenn Gott – so wie bei Abraham – in unser Leben einschreiten würde. Wir vergessen jedoch, dass die Geschichte Abrahams über viele Jahrzehnte dauerte. Gott handelte in Abrahams Leben durchschnittlich alle fünfzehn Jahre. Stellen Sie sich einmal fünfzehn Jahre ohne die Bibel vor, ohne den innewohnenden Heiligen Geist, ohne gläubige Freunde und ohne etwas von Gott zu hören. Trotzdem blieb Abraham Gott unerschütterlich treu.

Als Joseph 17 Jahre alt war, gab Gott ihm einen Traum, in dem er eines Tages großes Ansehen genießen und seine Brüder sich sogar vor ihm verneigen würden. Viele Jahre lang war dies der letzte Traum von Gott. Inzwischen hatten sich seine eifersüchtigen Brüder gegen ihn verbündet und ihn als Sklaven verkauft. Die Frau seines Herrn versuchte jeden Tag, ihn zu verführen, und sie bezichtigte ihn schließlich der Vergewaltigung. Er wurde ins Gefängnis geworfen, wo er jemandem half. Obwohl dieser Jemand versprach, ihm diese Hilfe zu entgelten, vergaß er Joseph. Trotzdem blieb Joseph Gott treu.

Gott hätte jederzeit eingreifen und Joseph aus der schwierigen Situation heraushelfen können, aber das tat er nicht. Stattdessen wirkte er hinter den Kulissen und bereitete den Zeitpunkt vor, an dem Joseph demütig und geläutert in Erscheinung treten würde. Joseph war bereit, von Gott auf wunderbare Art gebraucht zu werden, und Gott befreite ihn. Josephs einfache unerschütterliche Treue brachte ihm in seinem Leben Macht und hohe Stellung ein (1Mo 41,29-45).

Hiob hatte keine Ahnung, was Gott in seinem Leben tat. Ich finde es interessant, dass Gott Hiob niemals erklärte, dass eigentlich der Teufel verantwortlich für sein Leid war (Hi 1,1–2,6). Nachdem Hiob jedoch seine unerschütterliche Treue gezeigt hatte, offenbarte sich Gott ihm und half ihm, den Konflikt in seiner Seele zu lösen (38,1–40,2; 40,6–41,34).

Die Bereitschaft, Gott treu zu dienen und auf seine Verheißungen zu warten, beschränkt sich nicht nur auf Personen des Alten Testaments. Auch Paulus wusste, was es bedeutete, inmitten schwieriger Situationen standhaft und treu zu bleiben. Er schrieb: *»In allem sind wir bedrängt, aber nicht erdrückt; keinen Ausweg sehend, aber nicht ohne Ausweg; verfolgt, aber nicht verlassen; niedergeworfen, aber nicht vernichtet; allezeit das Sterben Jesu am Leib umhertragend, damit auch das Leben Jesu an unserem Leibe offenbar werde«* (2Kor 4,8-10).

Im gleichen Abschnitt sagt er: *»Da wir nicht das Sichtbare anschauen, sondern das Unsichtbare; denn das Sichtbare ist* *zeitlich, das Unsichtbare aber ewig«* (Vers 18). Paulus wollte ausdrücken, dass unser Leben von der zukünftigen Ewigkeit geprägt sein soll und nicht von den Erfahrungen im Hier und Jetzt.

Vielleicht denken wir, dass der christliche Glauben damit zu tun hat, dass Gott uns erfreuen soll; aber Paulus macht klar, dass wir im Leben danach streben sollen, Gott zu erfreuen. Das macht eigentlich das Leben eines glaubwürdigen Christen aus. Gott greift selten auf dramatische Art in unser Leben ein. Und wenn er es einmal tut, dann nicht nur zu unserem Vorteil, sondern um sich durch uns zu verherrlichen (1Chr 16,9-10). Auch wenn Gott uns gegenüber mehr als großzügig sein möchte und uns viel Gutes schenkt, dürfen wir nicht vergessen, dass alles unter seiner Herrschaft steht, wenn es um sein großes Wirken in unserem Leben geht.

Zu einer Liebesbeziehung gehören sowohl unerschütterliche Treue als auch Charme, Persönlichkeit, Geld und alles andere, um letztendlich zu siegen. Indem man einen bestimmten anderen Menschen an die erste Stelle setzt, entdeckt man, was Liebe eigentlich bedeutet. Erst wenn man dem anderen nachgeht und sich mit ihm beschäftigt, wird man die Freude einer innigen Beziehung kennenlernen.

Genauso ist es auch mit unserer Beziehung zu Gott. Indem wir uns mit Gott beschäftigen und ihm nachgehen, sollten wir ihm treu bleiben. Am Ende werden wir belohnt. Innige Gemeinschaft hat *hier* und jetzt mit Treue und in der Ewigkeit mit Erfüllung zu tun – zu Gottes Zeitpunkt.

Mythos 2: Innige Gemeinschaft ist eine zwanglose kamerad-schaftliche Beziehung zu Gott.

Es besteht kein Zweifel daran, dass ein wichtiges Element unserer Beziehung zu Gott auf der Tatsache beruht, dass wie ihn *»Abba! Vater!«* nennen dürfen (Gal 4,6). Wenn uns ein Mensch nahe steht, dann duzt man sich. Christus sagt uns, dass wir keine Sklaven mehr sind, sondern seine Freunde (Joh 15,15). Doch die Beziehung zu Gott ist weit mehr als nur eine plumpvertrauliche Kumpanei. Innige Gemeinschaft mit Gott heißt, von seiner Erhabenheit und Majestät überwältigt zu sein. Der Gedanke an eine Beziehung zu ihm sollte uns mit Ehrfurcht und Respekt erfüllen.

Stellen Sie sich Folgendes vor: Jesus kommt ins Zimmer, während Sie dieses Kapitel lesen. Was würden Sie tun? Wenn meine Frau Martie in ein Buch vertieft ist, dann sage ich manch-mal: »Wann tauchst du wieder aus deiner Buchwelt auf, denn ich muss dich etwas fragen?« Normalerweise entlockt dies ihr nur ein fernes, kaum hörbares Geräusch, dass sie meine Bitte registriert hat.

Keiner von uns wäre in einer »Buchwelt« versunken, wenn Jesus ins Zimmer käme.

Einige unter uns stellen sich vor, wie sie ihm all ihre Fragen stellen. Andere würden vielleicht vor Freude aufspringen, ihn umarmen und ihm dafür danken, dass er sie errettet hat. Die eher überschwänglichen Typen unter uns träumen davon, wie sie ihm für alles, was er ist und getan hat, begeistert auf den Rücken klopfen.

Ich kann ihnen versichern, wenn Christus ins Zimmer kommen würde, während Sie dieses Buch lesen, würde gar nichts von diesen Dingen passieren. Wir würden auf unser Angesicht fallen und uns unglaublich verloren, nackt und unwürdig fühlen. Gott sei Dank würde er auf uns zukommen, uns aufrichten und sagen, dass wir keine Angst haben müssten. Barmherzig und gnädig wie er ist, würde er uns willkommen heißen, damit wir die Freude der Gemeinschaft mit ihm kennenlernen. Aber unsere Beziehung zu ihm würde immer von Ehrfurcht und Respekt gekennzeichnet sein, auch in den wunderbaren Momenten der innigen Gemeinschaft mit ihm.

Mythos 3: Alle erleben innige Gemeinschaft mit Gott auf die gleiche Art und Weise.

Die allgemeinen Vorstellungen über die innige Gemeinschaft mit Gott liegen irgendwo zwischen einer übersteigerten emotionalen Erfahrung und der tiefen, stillen persönlichen Begegnung in der Tiefe der Seele. Auch wenn alle Erfahrungen in der Beziehung zu Gott ihre Berechtigung haben, ist es gefährlich, wenn wir uns mit den Erfahrungen anderer vergleichen.

Mich haben das Temperament und die unterschiedlichen Persönlichkeiten der Jünger schon immer fasziniert. Diese Gegensätzlichkeit garantierte, dass keiner von ihnen innige Gemeinschaft mit Christus auf die gleiche Art oder auf gleichem Niveau erlebte. Da gab es Thomas, der überaus kognitive Fähigkeiten hatte, er wollte immer alles analysieren und rational beurteilen. Und Petrus war voreilig, redete viel und war draufgängerisch. Und Johannes war freundlich, warmherzig und sanft. Manche von uns erfahren die innige Gemeinschaft mit Jesus auf kognitiver und intellektueller Ebene, so wie es wahrscheinlich bei Thomas war. Andere werden die Beziehung auf emotionaler Ebene erfassen. Menschen aus verschiedenen Kulturen, mit unterschiedlicher Herkunft und Persönlichkeit werden Jesus auf eine wunderbar unterschiedliche Art und Weise erleben. Wie wir gesehen haben, machen wir nicht alle die gleiche Erfahrung in der Gemeinschaft mit dem Herrn, sondern nur der Prozess, durch den wir unsere Beziehung zu Jesus aufbauen, ist der gleiche. Wenn wir uns gegenseitig dazu ermutigen wollen, dass unsere Beziehung zu Gott tiefer und sinnvoller wird, dürfen wir unsere eigenen Erfahrungen nicht als Maßstab nehmen und damit prahlen oder sie in den Vordergrund stellen. Vielmehr sollten wir uns gegenseitig helfen, in diesem Prozess zu bleiben.

Mythos 4: Wir können schon hier und jetzt die Fülle der Gemeinschaft mit Gott erfahren.

Wir dürfen auf keinen Fall vergessen, dass Gottes Wort uns sagt, dass »*wir jetzt mittels eines Spiegels sehen, undeutlich, dann aber von Angesicht zu Angesicht*« (1Kor 13,12). Wir werden diesseits des Himmels nie die vollkommene Freude erleben können, die uns die ungehinderte Gemeinschaft mit Gott schenkt. Wir sind zu sehr begrenzt.

Wir sind in unserem Körper gefangen, und unser Verstand leidet immer noch unter den Auswirkungen des Sündenfalls. Nach der Zeit im Paradies bestimmten Schweiß und Mühe unser Leben. Unser körperlicher Zustand wirkt sich auf unseren Verstand und unsere Gefühle aus. Wenn es uns nicht gut geht, dann erleben wir Gottes Gegenwart ganz anders als in guten Zeiten, wenn wir froh und voller Energie sind. Wenn ich könnte, würde ich viel Zeit auf einem Berg verbringen und die Größe der Schöpfung Gottes bestaunen. Ich würde lange Spaziergänge durch die Natur machen oder die Tiefen des Sternenhimmels über mir ergründen. Das Problem dabei ist allerdings, dass ich dazu nur selten Zeit habe.

Ich versuche jeden Morgen Zeit mit Gott zu verbringen. Aber

nachdem ich in seinem Wort gelesen, gebetet und über ihn nachgedacht habe, muss ich mich in den Alltag stürzen. Gott ist immer noch da, um mir zu helfen und mich zu ermutigen, aber der Alltag mit all seinen Herausforderungen trübt diese besonderen stillen Momente am Tagesanfang.

Doch mein Dienst gehört zu meinen Pflichten. Wir sind alle in diese Welt gesetzt worden, um mehr zu tun, als nur seine Gegenwart in der Abgeschiedenheit zu erfahren. Jetzt ist noch nicht die Zeit gekommen, um unsere ganze Zeit in beschaulicher Einsamkeit zu verbringen. Die Welt um uns herum muss von ihm hören. Verletzte Menschen brauchen Hilfe. Verzweifelte Nachbarn brauchen Ermutigung, die Gott ihnen nur durch uns geben kann. Für unseren Arbeitgeber müssen wir gute Arbeit leisten.

Weil es nicht möglich ist, mit Gott die ganze Zeit innige Gemeinschaft zu haben, sollten wir motiviert sein, auf den Tag hin zu leben, wenn wir ihn von Angesicht zu Angesicht sehen. Schon bald wird die Last unserer Sünde und das Gewicht der alltäglichen Verpflichtungen von uns genommen werden und die Sorgen dieses Lebens werden verfliegen. In einem Augenblick werden wir uns bei ihm in der Ewigkeit wiederfinden, wo unsere Hauptbeschäftigung sein wird, uns an der vollkommenen innigen Gemeinschaft mit ihm zu erfreuen. Für alle Zeiten.

Mythos 5: Wir können Gemeinschaft erfahren, auch wenn wir Gott unser Leben nur teilweise übergeben.

Um mit Gott echte Gemeinschaft haben zu können, braucht man nicht perfekt zu sein, aber wir müssen ihm unser Leben vollkommen übergeben. Vollkommene Übergabe bedeutet uneingeschränkter Gehorsam. Wenn wir versagen, sollten wir sofort Buße für unseren Fehler tun. Solange wir gegen die Sünde ankämpfen, bleiben wir auf dem Weg nach Hause zu Gott.

Es ist unvorstellbar, mit jemandem eine echte tiefe Beziehung zu haben, den wir immer wieder beleidigen. In vielen Ehen ist keine echte Gemeinschaft möglich, weil ein Ehepartner nicht mehr treu ist. Einen Ehepartner zu belügen oder zu betrügen, die Bedürfnisse des anderen zu ignorieren, die Beziehung aus Bequemlichkeit zum eigenen Nutzen zu gebrauchen, oder sich der Verantwortung zu entziehen, sind alles Grundlagen dafür, dass sich zwei Herzen schnell entfremden.

Genauso ist es mit Gott. Die ganze Heilige Schrift hindurch fordert Gott von uns totale Hingabe. Wir sollen den Herrn unseren Gott mit ganzem Herzen, ganzer Kraft und ganzem Verstand lieben (siehe 5Mo 6,5; Mt 22,37; Mk 12,30). Am Anfang des Buches der Offenbarung sagt Jesus in den Sendschreiben an die Gemeinden, dass es ihre andauernde Sünde und ihr Versagen seien, die ihre Beziehung zu ihm beeinträchtigten. Wir können keine echte Gemeinschaft erwarten, wenn wir nach dem folgenden Schema leben:

»Ich hätte gern für 3 Dollar Gott.

Bitte nicht so viel, dass er meine Seele angreift und meinen Schlaf stört, aber gerade so viel, wie es einer Tasse warmer Milch oder einem Nickerchen in der Sonne gleichkommt. Ich möchte nicht so viel von ihm, dass ich einen Schwarzen lieben oder mit einem Auswanderer Rüben ernten muss.

Ich möchte Begeisterung, nicht Änderung. Ich möchte die Wärme des Mutterleibes, nicht die Wiedergeburt. Ich möchte ein Pfund Ewigkeit in einer Papiertüte.

Ich hätte gern für 3 Dollar Gott, bitte.«

Fünf Wahrheiten über die persönliche Beziehung zu Gott

Wenn wir uns von den Mythen abwenden, ist der Weg frei, sodass wir im Glauben weiterwachsen können und unsere Beziehung zu Gott tiefer und fester werden kann. Jetzt haben wir eine reelle Chance, ihn wirklich kennenzulernen und zu erfahren, wie bereichernd die Gemeinschaft sein kann.

Ich glaube, ich leide unter einem akuten Kohlenhydratmangel, weil ich leidenschaftlich gerne Kartoffeln, Reis und Nudeln esse. Ich kann gar nicht genug davon bekommen. Wenn Martie abends mal nicht zu Hause ist und sie kommt zurück, dann fragt sie mich, was ich zum Abendessen gegessen habe. Ich sage ihr dann, dass ich Nudeln mit ein wenig Butter, Salz und Pfeffer gekocht habe. Sie schaut mich dann verwundert an.

Noch erstaunlicher ist jedoch, dass ich oft noch mehr Nudeln haben möchte, obwohl ich schon satt bin.

Genauso ergeht es uns mit der wunderbaren persönlichen Beziehung zu Gott – wir können von Christus nie genug bekommen. Dieser zunehmend lohnende Wachstumsprozess hört nie auf. Um diesen Vorgang zu fördern, möchte ich an dieser Stelle fünf Wahrheiten nennen, die die betrügerischen Mythen über die Gemeinschaft mit Gott ersetzen sollen.

Diese Wahrheiten helfen uns, realistische Vorstellungen über die Gemeinschaft mit Gott zu entwickeln.

1. Wahrheit: Unsere wichtigste Aufgabe im Leben ist, den allmächtigen Gott im Glauben anzunehmen, ihn anzubeten und ihm in aller Reinheit zu dienen.

Diese Geisteshaltung im Leben hat ein Ziel. Die persönliche

Beziehung zu Gott hat nichts damit zu tun, dass Gott etwas für mich tut oder er dafür sorgt, dass es mir gut geht. Es geht um etwas anderes: Ich nehme den allmächtigen Gott des Universums im Glauben an und verpflichte mich, ihn anzubeten und ihm zu dienen, egal was passiert. Wenn die Pfeile meiner Leidenschaft und Verehrung von mir auf ihn zeigen, dann habe ich es geschafft, meine Erwartungen in eine andere Richtung zu lenken. Und wenn ich Gott in der Reinheit meines Lebens anbete und ihm diene, dann kann ich – egal was passiert – wie Hiob sagen: »*Siehe, er wird mich töten, ich will auf ihn warten*« (Hi 13,15). Innige Gemeinschaft beginnt damit, von sich wegzuschauen und sich Gott zur Verfügung zu stellen, als größten Erweis unserer Liebe.

2. Wahrheit: Gott greift auf überwältigende Art nur zeitweise und vereinzelt ein, und zwar für größere Ziele und zum Segen seines Volkes.

Das sollte uns genügen. Es sollte uns reichen, wenn wir hören oder sehen, wie Gott im Leben eines Menschen wirkt. Wir sollten sagen: »Sieht das nicht meinem Gott ähnlich? Es ist wunderbar zu sehen, wie Gott wirkt!« Stattdessen haben wir Mitleid mit uns und klagen: »Mir geschieht so etwas nie. Warum tut Gott so etwas nicht auch in meinem Leben?« Wir sollten lernen, uns mit der Tatsache abzufinden und uns darüber zu freuen, dass Gott im Leben anderer Menschen wunderbare Dinge tut. Und wenn unsere Not groß genug ist oder wenn es seinem Plan entspricht, wird er auch in unser Leben auf überwältigende Art eingreifen. Bis dahin sollten wir ihm für seine tägliche Gegenwart, für sein stilles Wirken hinter den Kulissen, für seine reichliche Gnade, für seine Barmherzigkeit, die sein Gericht aufhält, und für den Himmel danken.

3. Wahrheit: Gott hat schon mehr für mich getan, als ich verdiene.

Wenn Gott nichts Weiteres tut, als uns zu erlösen, vor der Hölle zu retten und uns den Himmel zu versprechen – wenn er nur das für uns täte, hätte er schon mehr getan, als wir verdient haben. Das sollte genügen, um ihn für den Rest des Lebens zu loben und anzubeten.

Denken Sie darüber nach. Gott hat schon auf dramatische Art in unser Leben eingegriffen, als er uns klar machte, was für uns am Kreuz geschah, und als er uns durch die Kraft des Heiligen Geistes zu sich zog. Als wir das Kreuz auf dem Hügel annahmen und fühlten, wie das Gewicht unserer Sünde von uns fiel und wir durch sein Blut rein gewaschen wurden, reichte das vollkommen aus. Es war mehr als genug, um ihm aus tiefstem Herzen für immer dankbar zu sein.

4. Wahrheit: Gott tut schon so viel für uns, aber wir merken es nicht einmal.

Das sind vielleicht nicht großartige, dramatische Dinge, aber Gottes Wort lehrt uns, dass er wie ein souveräner Wächter vor den Toren unseres Lebens steht und uns vor allem Schaden bewahrt, den wir nicht ertragen können (1Kor 10,13). Er lässt in unserem Leben nur das zu, was – durch seine Macht und unsere Mitarbeit – zu seiner Herrlichkeit, seinem Ruhm und zu unserem Guten wirkt. Paulus sagt dies in Römer 8,28: *»Wir wissen aber, dass denen, die Gott lieben, alle Dinge zum Guten mitwirken, denen, die nach* [seinem] *Vorsatz berufen sind.«*

Warum legen wir uns dann abends ins Bett und klagen:»Gott, wo warst du heute? Du hast meine Gebete nicht erhört und nichts Großartiges ist passiert. Der Tag war langweilig und ohne Sinn.« Stattdessen sollten wir ihm aus ganzem Herzen danken und sagen: »Herr, danke dass du heute in meinem Leben gewirkt hast, auch wenn ich es nicht gemerkt habe. Du hast mich heute durch die Kraft deiner Engel vor dem Feind beschützt, der danach trachtet, mich zu zerstören. Danke auch dafür, dass du – als der souveräne Wächter über mein Leben – heute nur das in mein Leben hineingelassen hast, was du, wie du versprochen hast, durch deine Macht zu deiner Herrlichkeit, zum Segen und zum Guten gestaltest.«

Wir dürfen nicht vergessen, dass Gott in unserem Leben weit mehr vollbringt als wir denken. Wenn wir glauben, dass er nicht viel für uns tut, dann widerspricht das der Tatsache, dass seine wunderbare Gnade in unserem Leben jeden Tag 24 Stunden lang wirkt: nämlich, indem er über uns wacht, uns Kraft gibt, uns bewahrt, beschützt und segnet.

5. Wahrheit: Wenn Gott an Gemeinschaft denkt, dann denkt er an eine Herzensbeziehung mit uns.

Wir sind wie Kinder, die an Weihnachten betteln: »Gib mir das Geschenk! Gib mir das Geschenk!« und dabei vergessen, dass die Eltern uns *aus Liebe* Geschenke geben. Natürlich beschenken Eltern uns gerne, aber eigentlich wollen sie eine herzliche liebevolle Beziehung zu uns haben. Gemeinschaft haben bedeutet, eine persönliche Beziehung zu pflegen, und das hat nichts mit dem Austausch von Geschenken zu tun. Wenn wir Gott vertrauen, ihm in aller Reinheit dienen, mit ihm Zeiten im Gebet und mit Bibellesen verbringen und über ihn nachdenken, dann erfüllt er unsere Seele.

Gott begegnet uns nicht im Einkaufszentrum. Er sucht uns

ganz tief im Innersten unseres Herzens. Wenn wir innige Gemeinschaft haben wollen, dann müssen wir mehr von dem Geber fasziniert sein als von den Gaben. Wir sollen nicht das lieben, was er für uns tut, sondern *ihn selbst* – sein Wesen – sollen wir lieben. Wenn wir ihn mehr erleben wollen, dann müssen wir ihn mehr lieben – mehr als alle Dinge, von denen wir begeistert sind, und mehr als alles Gute, das wir von ihm erwarten.

Hohe Erwartungen

Durch das ganze Alte und Neue Testament hindurch geht es in der Heiligen Schrift um Gottes eigenen, vorrangigen Plan, die Beziehung zu uns wiederherzustellen und um eine verheißungsvolle Gemeinschaft, die die Sehnsucht unserer Seele stillt und ihn verherrlicht.

Wenn unsere Pilgerreise zur innigen Gemeinschaft erfolgreich sein soll, dann müssen wir nicht nur die falschen und einseitigen Erwartungen durch die richtigen ersetzen, sondern wir müssen uns auch fragen: *Was können wir überhaupt erwarten?*

Wir können erwarten, was Gott versprochen hat. Nämlich, dass er sich zur Verfügung stellt, wenn wir mit ihm Gemeinschaft haben. Die Bibel sagt, dass eine tiefe persönliche Beziehung zu ihm mindestens drei Auswirkungen hat: 1. Er wird unsere Seele sättigen; 2. Er wird uns mit allem versorgen und uns stützen; 3. Er wird uns auch in großen Gefahren Halt geben.

Alle drei Punkte sind in diesem Buch schon mehrmals erwähnt worden, aber nirgends kommen sie klarer zum Ausdruck als in dem bekannten Hirtenpsalm Davids, Psalm 23. Schauen wir uns den Psalm einmal an und denken darüber nach, wie auch wir in unserer Gemeinschaft mit Gott dies erfahren können. Zuerst lesen wir den Psalm langsam, um seine Botschaft zu verstehen.

»Der HERR ist mein Hirte, mir wird nichts mangeln. Er lagert mich auf grünen Auen, er führt mich zu stillen Wassern. Er erquickt meine Seele. Er leitet mich in Pfaden der Gerechtigkeit um seines Namens willen. Auch wenn ich wandere im Tal des Todesschattens, fürchte ich kein Unheil, denn du bist bei mir; dein Stecken und dein Stab, sie trösten mich. Du bereitest vor mir einen Tisch angesichts meiner Feinde; du hast mein Haupt mit Öl gesalbt, mein Becher fließt über. Nur Güte und Gnade werden mir folgen alle Tage meines Lebens; und ich kehre zurück ins Haus des HERRN lebenslang.«

Beachten Sie die Dynamik der Beziehung. Es geht hier nicht um zwei Gleichrangige; hier wird von dem Hirten und seinen Schafen gesprochen. Schafe sind vollkommen von dem Hirten abhängig. *Little Bo Peep* (Anmerk. d. Übers.: *Little Bo Peep* ist eine Gestalt aus einem alten englischen Kindergedicht, eine kleine Schäferin, die ihre Schafe verloren hat.) hatte Unrecht: Schafe finden nicht mehr nach Hause, wenn man sie allein lässt! Sie brauchen einen Hirten, der sie führt, sie versorgt und sie beschützt. Der Hirte muss sich ständig um die Schafe kümmern, manchmal muss er große Opfer bringen.

Was stellt der Hirte zur Verfügung?

Der Hirte gibt den Schafen *Zufriedenheit* und Glück. Wir müssen unsere Wünsche vergessen und lieber darüber nachdenken, was wir wirklich brauchen. Wirklich glücklich und zufrieden ist man, wenn man mit dem Psalmisten sagen kann: *»Mir wird nichts mangeln.«* Zufriedenheit bedeutet nicht, dass wir uns keine schönen Dinge oder keine besseren Beziehungen mehr wünschen. Es bedeutet, dass diese Wünsche nicht unser Leben bestimmen, sondern dass wir Gott erlauben, uns zu versorgen, und dass wir uns damit zufrieden geben. Der Psalmist beschreibt diese Zufriedenheit mit den Worten: »*Er lagert mich auf grünen Auen, er führt mich zu stillen Wassern. Er erquickt meine Seele.*« Beachten Sie die Elemente *Versorgung*, *Friede* und *Erholung*, die uns glücklich und zufrieden machen. Wenn Sie jemals durch die hügelige Landschaft in England spaziert sind, wo Schafe zur Landwirtschaft gehören, dann wissen Sie, dass es kaum ein Bild gibt, in dem Zufriedenheit klarer zum Ausdruck kommt als in der Beschreibung des Psalmisten, wo die Schafe – auch wenn sie manchmal umherwandern – niemals bewusst weglaufen, sondern vollkommen zufrieden mit der Fürsorge ihres Hirten sind.

Zufriedenheit bedeutet, mit Gott glücklich sein.

Dass Gott *Sicherheit* und Schutz schenkt, erkennen wir an den Worten des Psalmisten, als er im Tal des Todes seinen Feinden begegnet. Er bezeugt, dass Gott ihn so beschützt, dass er sogar in der Gegenwart seiner Feinde essen und – wenn nötig – ohne Furcht durch das Tal des Todes wandern kann. Warum? Weil Gott bei ihm ist und dessen Stecken (Schutz) und Stab (Rettung und Führung) den Psalmisten trösten.

Die Gegenwart Gottes bringt sein vollkommenes Wesen zum Vorschein. Er ist nicht nur teilweise da, sondern er schenkt uns mit seiner Partnerschaft auch seinen ganzen vollkommenen Segen. Seine Gegenwart garantiert uns seine schützende Macht, seine souveräne Führung, seine unübertroffene Weisheit, seine liebevolle Fürsorge und sein unmittelbares Eingreifen in unserem Leben. Wenn wir zulassen, dass Angst und Furcht unsere Seele überschatten, dann verleugnen wir seine Anwesenheit. Doch wenn wir an die Tatsache seiner Gegenwart in unserem Leben glauben, dann sind wir überzeugt, dass er uns vollkommen schützt und hält. Egal, was passiert.

Die letzten Verse enden mit Gottes *lebenserhaltenden* Maßnahmen. Der Friede des Psalmisten während des Essens in der Gegenwart seiner Feinde drückt die Freude über Gottes

Schutz aus. Dieses Wirken Gottes in seinem Leben vergleicht er mit einem überfließenden Becher, dann staunt er über die Güte und Gnade Gottes, die ihm sein Leben lang folgen. Der Psalmist preist Gottes Fürsorge, als er vorhersieht, dass er eines Tages für immer im Hause des Herrn sein wird.

Wir haben erst dann innige Gemeinschaft mit Gott, wenn wir wie David sagen können: *»Der HERR ist mein Hirte, mir wird nichts mangeln.«* Erst wenn wir ehrlich sagen können, dass wir nichts mehr brauchen, um zufrieden und erfüllt, sicher und geborgen zu sein, werden wir wissen, dass wir schon einen großen Teil des Weges nach Hause zu Gott zurückgelegt haben und uns auf dem besten Weg zu einer innigen Beziehung zu Gott befinden, der uns alles geben möchte.

Erst wenn uns irdische Dinge nicht mehr gefangen nehmen und wir anfangen, uns nach geistlichen Dingen zu sehnen, finden wir Erfüllung und Zufriedenheit in der Gemeinschaft mit Gott. Paulus bezeugt selbst dies in dem Brief an die Philipper 4,10-13:

> *»Ich habe mich aber im Herrn sehr gefreut, dass ihr endlich einmal wieder aufgelebt seid, meiner zu gedenken, worauf ihr [eigentlich] auch bedacht wart, aber ihr hattet keine Gelegenheit. Nicht, dass ich es des Mangels wegen sage, denn ich habe gelernt, mich [darin] zu begnügen, worin ich bin. Sowohl erniedrigt zu sein, weiß ich, als Überfluss zu haben, weiß ich; in jedes und in alles bin ich eingeweiht, sowohl satt zu sein als zu hungern, sowohl Überfluss zu haben als Mangel zu leiden. Alles vermag ich in dem, der mich kräftigt.«*

Wenn Gott alles für uns ist, dann ist unser Leben, trotz der Erschütterungen des Alltags, von einem unerschütterlichen Vertrauen gekennzeichnet. Dieses Vertrauen entsteht nur dann, wenn wir fest an ihn glauben und an das, was er sagt: dass er für uns da sein wird, ob wir es fühlen oder nicht; und dass er weder sein Wesen noch seine Verheißungen verleugnen kann. Dieses Gefühl der Verbundenheit entsteht bei denen, die sich durch Glauben mit Gott verbinden, der sie nie verlassen oder im Stich lassen wird. Diese Sicherheit, die aus der innigen Beziehung zu Gott entsteht, ist von einem unerschütterlichen Gefühl der Furchtlosigkeit gekennzeichnet. Wir werden dann mit Paulus sagen:

»Wer wird uns scheiden von der Liebe Christi? Drangsal oder Angst oder Verfolgung oder Hungersnot oder Blöße oder Gefahr oder Schwert? Wie geschrieben steht: ›Um deinetwillen werden wir getötet den ganzen Tag; wie Schlachtschafe sind wir gerechnet worden.‹ Aber in diesem allen sind wir mehr als Überwinder durch den, der uns geliebt hat. Denn ich bin überzeugt, dass weder Tod noch Leben, weder Engel noch Gewalten, weder Gegenwärtiges noch Zukünftiges, noch Mächte, weder Höhe noch Tiefe, noch irgendein anderes Geschöpf uns wird scheiden können von der Liebe Gottes, die in Christus Jesus ist, unserem Herrn.«

ANMERKUNGEN

Kapitel 2: Einsam und verlassen

1. J. Krishnamurti, *On Love and Loneliness* (New York: Harper San Francisco, 1993), S. 55.

Kapitel 3: Innige Gemeinschaft auf dem Prüfstand

1. »Ali, Mohammed«, Microsoft@ Ankertau@ 96 Encyclopedia. 1993-1995 Microsoft Corporation. All rights reserved. Funk & Wagnalls Corporation. All rights reserved.
2. David Whitman, »Was It Good for Us?« *U.S. News and World Report*, 19 May 1997, S. 58.
3. William Shakespeare, *Henry VIII*, 3.2.351-85.

Kapitel 4: Es geschah im Garten Eden

1. Peter Kreeft, *Three Philosophies of Life* (San Francisco: Ignatius, 1989), S. 28.

Kapitel 5: Sich von Gott entfernen

1. Peter Kreeft, *Three Philosophies of Life* (San Francisco: Ignatius, 1989), S. 22.
2. Elisabeth Elliot, *Shadow of the Almighty* (New York: Harper, 1958), S. 50.

3. »Jones Books His Place in US Open Legend«, *The Times*, 18. June 1996, S. 50.
4. Ibid.
5. Steve Farrar, *Finishing Strong: Finding the Power to Go the Distance* (Sisters, Ore.: Questar, Multnomah Books, 1995), S. 29.

Kapitel 6: Wer klopft an?

1. Thomas Keating, *Intimacy with God* (New York: Crossroad, 1994), S. 22.
2. Laurence Shames, *The Hunger for More* (New York: Time Books, 1989), Vorwort, X.
3. Ibid., S. 80.

Kapitel 7: Reue und Vertrauen

1. E. Laubach, »Conversion, Penitence, Repentance, Proselyte«, in the *New International Dictionary of New Testament Theology*, Hrsg. Colin Brown, Bd. 1, überarbeitete Auflage (Grand Rapids: Zondervan, 1986), S. 353.
2. Nigel Turner, *Syntax*, Bd. 3 der *Grammar of New Testament Greek*, Hrsg. J. H. Moulton et al. (Edinburgh: T&T Clark, 1963), S. 75.
3. H. C. Leupold, *Exposition of Genesis*, Bd. 1 (Grand Rapids: Baker, 1942), S. 227.
4. C. E Keil and E Delitzsch, *The Pentateuch*, Bd. 1 des *Biblical Commentary on the Old Testament* (1875; Nachdruck, Grand Rapids: Eerdmans, 1968), S. 119.
5. Robert Baker Girdlestone, *Synonyms of the Old Testament* (1897; Nachdruck, Grand Rapids: Eerdmans, 1948), S. 38.

6. J. R. MacDuff, *Morning and Night Watches* (London: James Nisbet, 1852), S. 80-82.

Kapitel 8: Innere Verbundenheit

1. Ravi Zacharias, *Christian Daily Planner* (Dallas: Word, 1977), die Herausgabe wurde von *Ravi Zacharias International Ministries* vorbereitet.
2. Bill Bright, Gründer von *Campus Crusade for Christ*, starb 2003. Ich hatte einige Jahre vor seinem Tod die Gelegenheit mit ihm über sein persönliches Bibelstudium und sein Gebetsleben zu sprechen.

Buchempfehlung

Jospeh M. Stowell
Nur Jesus zählt
Seine Nähe erleben
seine Liebe weitergeben
Geb., 160 Seiten

Best.-Nr. 273.608
€ (D) 12,90
ISBN 978-3-89436-608-7

Man braucht Jesus – und einen guten Job und neue Freunde und ein besseres Gehalt und ...

Diese Unds lenken vom Wesentlichen ab. Irgendwann hat man alles, nur Jesus liegt unter all dem Zeug begraben. Aber er sehnt sich nach einer tieferen Gemeinschaft mit Ihnen.

Würden Sie es wagen, alles Störende beiseite zu tun, und sich wieder ganz allein auf ihn auszurichten?

Christliche Verlagsgesellschaft mbH
Kompetent. Profiliert. Engagiert.

Buchempfehlung

Nancy Leigh DeMoss
Hingabe
Regiert von Gott
Pb., 160 Seiten

Best.-Nr. 273.650
€ 11,90
ISBN 978-3-89436-650-6

Wenn man ein siegreiches geistliches Leben führen will, geht es weniger darum, wie engagiert man die Schlacht kämpft, sondern wie sehr man sich Gott hingegeben hat.

Mit einer Mischung aus Bibelarbeit und persönlichen Erfahrungen zeigt die Autorin, dass Gott nur dann den Sieg geben kann, wenn man ihm sein Herz, seine Seele, seinen Körper, seine Ziele – einfach alles – übergibt. Mit Fragen zum Gruppenstudium.

Christliche Verlagsgesellschaft mbH
Kompetent. Profiliert. Engagiert.